Maman débutante

ISBN 978-2-412-03384-5
Dépôt légal : mars 2018
Imprimé en France
Mise en page intérieure : Istria
Illustrations de couverture et intérieur : Nathalie Jomard

Éditions First, un département d'Édi8
12, avenue d'Italie
75013 Paris – France
Tél. : 01 44 16 09 00
Fax : 01 44 16 09 01
e-mail : firstinfo@efirst.com
Site internet : www.editionsfirst.fr

Maman débutante

Olivia Toja

avec le Dr Regottaz

FIRST
ÉDITIONS

Sommaire

Préface

La naissance d'un bébé est merveilleuse, magique, inoubliable. Elle est également pleine d'interrogations, d'inquiétudes, voire d'angoisses pour le proche entourage, et surtout pour la maman.

Olivia Toja fait de son livre très précis, plein d'humour, une pièce de théâtre aux cent actes divers, truffé de bons conseils à suivre avant, pendant et après la naissance.

Ce « Mode d'emploi de la maman débutante » va pleinement rassurer les jeunes et les moins jeunes, lorsqu'elles vont se retrouver seules, face à leur bébé et à ses petits problèmes.

J'ai d'autant plus de plaisir à écrire cette préface que j'ai soigné Olivia lorsqu'elle était nourrisson puis jeune enfant et que je suis maintenant son fils Anton.

À son auteur,

À ses lecteurs,

De tout cœur.

Dr Regottaz,
Ancien interne des Hôpitaux de Nice
Médecin de l'Hôpital Lenval
Pédiatre

Introduction

À Anton,

Clap clap clap. Bravo ! Viva !! Houra !!!

Tout le monde vient vous féliciter. On vous embrasse, vous offre des fleurs, vous prend en photo.

Il paraît que vous avez été gé-niale !

Vous avez fait une entrée en scène re-mar-qua-ble !

Un accouchement du tonnerre ! Un spectacle à couper le souffle !!! Des pleurs, des cris, des rires, des expressions torturées... une vraie commedia dell'arte (d'ailleurs, votre mari/impresario a tout filmé pour garder un souvenir de votre performance) ! Il faut dire que vous avez mis neuf mois pour mûrir votre rôle, pour préparer vos effets, pour répéter la mise en scène avec précision... et maintenant... roulement de tambour : VOUS ÊTES MAMAN !

Ce rôle, vous en rêviez depuis longtemps. Avec votre bébé, vous sentez que vous allez pouvoir vous donner tout entière. La Primipare, c'est un personnage taillé pour vous !

Pourtant, quel trac !

Ah, cette boule dans le ventre... Pendant toute votre grossesse, vous n'avez cessé de vous poser des questions. Mais ce n'était rien par rapport à ce qui vous attend, maintenant que la petite graine est devenue un joli fruit !

La seule méthode efficace pour être moins flippée, c'est la préparation. Demandez à ceux de l'Actors Studio !

Pour TOUT connaître sur TOUT (des soins apportés à son bébé dès la maternité jusqu'aux démarches administratives), *Maman débutante* délivre le nouveau mode d'emploi ! Pour savoir comment ça marche et faire face à toutes les situations, des infos, des astuces, des trucs, des témoignages ainsi que les précieux conseils du docteur Regottaz, pédiatre depuis plus de 30 ans !

Grâce à cette nouvelle édition, vous apprendrez à faire face :

- à l'étendue infinie du rayon des couches,
- aux invasions inopinées de boutons rouges,
- aux variations insoupçonnées des cris et autres pleurs,
- aux mille et une recommandations de votre mère
- aux multiples démarches administratives et aides financières...

Allez. Pas d'inquiétude. Il n'y a pas d'erreur de casting ! Vous allez être formidable. Peut-être même direz-vous un jour : « Maman, c'est le rôle de ma vie ! »

Quiz

Quelle maman êtes-vous ?

1. Au moment de partir à la maternité...

- Vous avez rassemblé quelques affaires à la dernière minute.
- Vous aviez tout préparé depuis quelques semaines.
- Vous aviez tout préparé depuis des mois.

2. Vous avez allaité...

- Autant que votre bébé l'a voulu.
- Jusqu'à la reprise du travail.
- Quelques jours, vous étiez mal à l'aise, inquiète de ne pas avoir assez de lait.

3. Pour les repas de Petit Loulou, 8 mois...

- Vous lui donnez un plat tout prêt qui était en promotion au supermarché.
- Vous alternez plats industriels et cuisine maison.
- Vous lui préparez une purée de légumes à chaque repas.

4. L'album photo de votre bébé...

- Ressemble à une boîte de chaussures où les photos sont en vrac.
- Ne reprend que les étapes essentielles (anniversaire, Noël).
- Est rempli de photos, de petits souvenirs, de commentaires.

5. Il est 1 heure du matin. Pepette, 11 mois, a 39 °C de fièvre.

- Vous lui donnez une dose de paracétamol pédiatrique et retournez vous coucher.
- Vous lui donnez une dose de paracétamol pédiatrique et restez auprès d'elle en attendant que la fièvre baisse.
- Vous appelez immédiatement votre pédiatre.

6. À 5 heures du matin (décidément !), Bibou, 6 mois, se met à hurler...

- Vous allez le prendre pour finir la nuit dans votre lit.
- Vous attendez quelques minutes avant d'aller le voir, puis vous lui expliquez qu'il est l'heure de dormir.
- Vous allez le voir et restez avec lui jusqu'à ce qu'il se rendorme.

7. Votre enfant fait tomber sa tétine par terre.

- Vous l'essuyez avec un mouchoir en papier.
- Vous la rincez à l'eau.
- Vous la lavez immédiatement à l'eau chaude puis la stérilisez.

8. Petit-cœur, 9 mois, s'agrippe à tous les meubles et touche à tout.

- Vous le laissez faire : il faut qu'il découvre le monde !
- Vous lui dites « non » à chaque fois qu'il touche quelque chose de dangereux.
- Vous avez déblayé tout le terrain de peur qu'il ne se fasse mal.

9. Les jouets que vous achetez pour votre enfant sont...

- Ceux qui font le moins de bruit possible.
- Ceux qui ont l'air le plus amusant.
- Ceux qui sont les plus éducatifs.

10. C'est le premier anniversaire de votre bébé.

- Vous collez une bougie sur un biscuit et faites des photos.
- Vous préparez un gâteau et invitez quelques amis.
- Vous passez trois jours à préparer une fête.

Si vous avez une majorité de ☁

Vous êtes comme la maman « Cool » ou la maman « Vas-y comme j'te pousse »

Cette maman-là est une femme qui écoute ses instincts. Durant toute sa grossesse, elle a fait comme bon lui semblait (elle a continué à fumer, à sortir, à faire l'amour jusqu'au dernier jour). Sa maman à elle était très laxiste (et lui sert aujourd'hui de modèle) ou bien trop sévère (et son attitude est une sorte de réaction). Elle aime son bébé plus que tout. Elle a lu tout Dolto. Elle considère que son enfant est une petite personne et qu'il sait ce dont il a besoin : elle l'a allaité (parce que c'était très facile, pas contraignant) autant que son bébé l'a voulu (il s'est arrêté à 2 ans). Elle n'a pas de principes d'éducation bien définis : s'il veut regarder la télé toute la journée, c'est lui qui voit ! Elle ne se sent pas obligée d'être super bien organisée : si le petit n'a pas envie de déjeuner, il peut manger les chips qui reste de l'apéro de la veille. Elle préfère que son loulou mange des plats industriels parce que sa maman s'éclate au boulot plutôt que lui cuisiner des purées maison en s'ennuyant à mourir.

Ses points forts : Elle est gaie, dynamique. Son bébé lui ressemble et s'épanouit comme un tournesol.

Ses points faibles : Elle est un peu insouciante quant à la sécurité et à l'hygiène alimentaire, par exemple.

Si vous avez une majorité de ☼

Vous êtes comme la maman « Parfaite » ou madame « Fait-tout-comme-il-faut ».

Cette maman-là se donne beaucoup de mal pour tout réussir. Elle essaye tout le temps de trouver le juste milieu : sévère mais pas trop, admirative sans être gaga, prévoyante mais pas stressante, organisée mais pas maniaque. Elle est équilibrée. Elle essaye d'assumer son travail, sa maison, son enfant. Un jour, elle est superwoman, le lendemain, elle passe la journée à regarder jouer son bébé.

Elle ne panique pas. Elle a sûrement déjà une certaine expérience avec les Petitbouts : peut-être s'est-elle occupée de ses frères et sœurs ? Elle a allaité son bébé jusqu'à la fin de son congé maternité. Elle est pleine de principes : on mange à heures fixes, et pas n'importe quoi, s'il vous plaît. Pourtant, elle sait être flexible et profite de tous les produits qui facilitent la vie (petits plats tout prêts par exemple).

Ses points forts : Elle fait dans le juste milieu et essaye de s'en tenir aux principes reposant sur le bon sens.

Ses points faibles : Ses méthodes sont bonnes mais peut-être pas tout à fait au goût du jour.

Si vous avez une majorité de ⚡

Vous êtes comme la maman « Speed » ou « Panique à bord : les mères et les enfants d'abord ».

Elle a toujours été anxieuse, mais pour son Bibou, c'est le pompon ! Nuits d'angoisses pendant la grossesse (elle a souvent rêvé que sa petite fille naissait avec une barbe), heures d'angoisse pendant l'accouchement (« Dites, docteur, c'est normal que le travail dure 72 heures ? »), et instants de panique quand elle l'a dans les bras. Elle est pleine de bonne volonté mais ne peut s'empêcher de s'inquiéter : Pourquoi ne finit-il pas son biberon ? Pourquoi est-ce qu'il ne marche pas droit ? La pauvre, elle se pose tout le temps des questions et du coup, même Petite Chérie s'en rend compte. Elle la surprotège, elle la couve, elle la couvre. Sa maison est si sécurisée qu'elle doit faire trois manipulations différentes avant de prendre un truc dans le placard. Elle s'empoisonne la vie en se demandant si elle est une bonne mère et si elle a bien suivi les conseils du pédiatre à la lettre.

Ses points forts : L'hygiène alimentaire, corporelle et la sécurité de l'enfant sont irréprochables.

Ses points faibles : À mère stressée, enfant stressé.

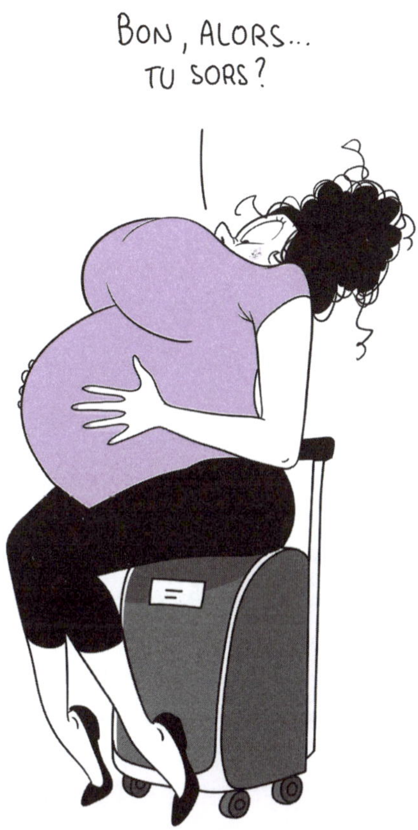

Acte 1

Alors, t'accouches ?

Si on compte bien, 38 semaines, ça fait 266 jours,
6384 heures… même sans avoir l'œil rivé sur sa montre,
ça fait long ! Au début, la maman a vécu des heures fébriles,
à savourer le secret de sa grossesse, à vivre avec émotion
les premiers signes du grand chamboulement.
Ensuite, en s'arrondissant, la maman s'est calmée, a pris soin
d'elle, a fabriqué son cocon, a pris l'air doucereux
d'une Vierge à l'enfant…
Mais là, ELLE N'EN PEUT PLUS, LA MAMAN.
Elle compte les minutes. Elle ne veut plus du déguisement
de Bibendum. Elle veut AC-COU-CHER !

Vous dans votre rôle de maman

Maman 1 « *Je suis cool* »

La maman « Je suis cool » développe une philosophie tout à fait zen : « Il/Elle arrivera quand il/elle voudra » (à noter que la maman cool laisse le destin lui donner un fils ou une fille sans s'en préoccuper), « laissons-le/la bien au chaud », « ça viendra quand ça viendra ». Après toutes les heures de yoga qu'elle a suivies, la maman cool est relax.

➲ Cette maman a une bonne attitude. C'est facile à dire, mais dans les derniers moments de la grossesse, mieux vaut s'armer de patience : c'est bébé qui décide du moment de sa naissance, alors…

Maman 2 « *Je flippe un peu* »

Même en essayant de garder son calme, même en ayant lu tous les manuels de puériculture, écouté attentivement les conseils de toutes ses amies qui sont passées par là, l'angoisse commence à monter.

➲ Il est normal d'être angoissée par l'arrivée prochaine de son enfant. Toutes les questions que l'on se pose depuis des mois sont sur le point de trouver leurs réponses. Encore un peu de patience, vous serez bientôt rassurée.

Maman 3 « *Je deviens hystérique* »

Elle est stressée de nature : elle a déjà cumulé tous les ennuis possibles de la grossesse et fait cauchemar sur cauchemar en imaginant son accouchement comme une scène de boucherie. Elle est surexcitée et voudrait que cet enfant arrive tout de suite.

➲ Bien sûr, les derniers jours paraissent très longs… ce n'est pas une raison de vouloir aller plus vite que la musique ! Prenez le temps de vous relaxer et si vous ne pouvez vous empêcher de vous activer, profitez-en pour achever les préparatifs du retour à la maison.

Les 9 mois qui viennent de s'écouler

Il est toujours bon de refaire le point sur les grandes étapes de sa vie. La grossesse en est une, et non des moindres. Pendant longtemps, vous repasserez dans votre tête le film de cette période si « spéciale » et celui de votre accouchement. Pour faire le bilan, cochez les cases qui vous concernent.

Ce qui était bien...

- ☐ Le petit trait bleu sur le test de grossesse.
- ☐ La première image (oui, le haricot avec un gros œil, c'est votre bébé).
- ☐ L'échographie qui dévoile le sexe (si l'on souhaite le connaître).
- ☐ Le premier mouvement.
- ☐ La fierté du gros ventre.
- ☐ L'épanouissement, la plénitude.
- ☐ Le fait de se sentir choyée par son entourage.
- ☐ L'émerveillement devant son bébé.
- ☐ ....
- ☐ ....
- ☐ ....

Ce qui était moins bien...

- ☐ Les seins gonflés et douloureux.
- ☐ L'envie de faire pipi (vous avez rapidement émis l'idée de vous faire greffer un pot de chambre entre les jambes, ou de vous faire poser une sonde).

- ☐ La fatigue (la femme enceinte peut s'endormir à tout moment, n'importe où).
- ☐ Les nausées.
- ☐ La sensibilité olfactive (même l'odeur adorée du café du matin peut soulever le cœur d'une future maman).
- ☐ La sensiblerie (prévoir une boîte de mouchoirs pour tout film, pas même à l'eau de rose).
- ☐ Les angoisses (peur de la fausse couche, sera-t-il normal ? etc.
- ☐ Les boutons (acné juvénile, le retour).
- ☐ Les vergetures.
- ☐ Les rots et autres flatulences.
- ☐ La constipation, les hémorroïdes.
- ☐ Le mal au dos.
- ☐ Les jambes lourdes.
- ☐ La démarche chaloupée.
- ☐ Le POIDS.
- ☐ ....
- ☐ ....
- ☐ ....

Comptez dix points pour chaque case cochée dans la colonne « ce qui était bien », ôtez un point par réponse dans la colonne de « ce qui était moins bien ». Faites le total.

Alors, ça valait le coup, non ?

La préparation du trousseau

Par quoi commencer ? Quelle taille choisir ?

Voilà des semaines que vous vous extasiez, toute fondante, devant les petits vêtements en taille naissance. Ces mini-bouts de tissus nous font prendre conscience qu'un si gros ventre cache une si petite chose.

Vous remarquerez que les vêtements qui nous attendrissent le plus sont les modèles d'adultes en taille riquiqui : un blouson d'aviateur version 3 mois fait rêver toutes les mamans (« Oui, mon fils reprend le rôle de Tom Cruise dans Top Gun 2 »), un survêtement à 3 bandes fait imaginer un grand avenir sportif... Donc, vous avez craqué pour quelques petites choses, si mignonnes. Halte-là ! Avez-vous vraiment pensé au côté pratique de la chose ?

Les critères à prendre OBLIGATOIREMENT en compte avant d'acheter quoi que ce soit

- Étudiez de près le système d'ouverture. Pour un nourrisson, il doit être large. Le plus pratique est d'éviter tout ce qui passe par la tête. Pensez aux bodys croisés et aux « dors-bien » dont les pressions se situent sur les fesses ou le long des jambes. Moins vous aurez à retourner votre bébé, mieux vous vous porterez. Dans une journée, les changes sont très nombreux : privilégiez des vêtements dont on n'ouvre que le bas.
- Veillez au choix du tissu : pour tout ce qui touche la peau, c'est 100 % coton (pas de risques d'allergies, lavable à haute température, doux au toucher).
- Pas de boutons (qui peuvent se détacher et donc être avalés) : des pressions ou des velcros.
- De grâce... aucun vêtement nécessitant du REPASSAGE ! Rien n'empêche de réunir tous ces critères de sécurité et de confort

dans d'adorables-trop-mimi barboteuses... En général, un bébé passe son premier mois toute la journée en « dors-bien ». Imaginez le bonheur de traîner toute la journée en pyjama tout doux : ça ne se produit qu'une fois dans une vie ! Pour ce qui est des vrais petits vêtements, vous avez le temps de voir venir et de juger de sa corpulence.

Quelle taille choisir ?

Les échographies sont des miracles de technologie : non seulement elles permettent de contrôler la bonne santé de votre enfant, mais en plus, elles éclairent les mamans sur la bonne taille à choisir pour vêtir leur crevette dès l'expulsion.

- Taille « prématuré » : difficile de prévoir que son enfant naîtra avant terme... à acheter donc, le cas échéant, quand le bébé est là.
- Taille « naissance » : réservée aux enfants de 48 à 52 cm. Peu d'usage même si le bébé a ces mesures. Il passera si vite à la taille supérieure...
- Taille « 1 mois » : pour les bébés de 53 à 56 cm ou d'environ 4 kg. C'est la taille qu'il faut choisir le plus souvent pour les premiers temps. Au début, le bébé nage un peu, mais très vite, il remplit le tissu.
- Taille « 3 mois » : de 57 à 65 cm.
- Taille « 6 mois » : de 66 à 72 cm.
- Taille « 12 mois » : de 73 à 77 cm.

Attention !

Les marques ne sont pas d'accord entre elles pour les tailles. C'est pareil pour vous, j'en suis sûre. Parfois, on passe à peine une cuisse dans un 40, alors que dans un autre magasin, on se sent à l'aise dans un 38. Allez savoir, ma bonne dame ! Bon point aux marques qui ajoutent le nombre de centimètres sous l'indicatif de la taille : c'est le SEUL repère valable.

En aparté

Ne pas trop acheter : mieux vaut attendre de savoir exactement la taille et le poids de l'enfant avant de choisir des vêtements. Tout dépend de la saison de naissance : cela ne sert à rien de chercher un pyjama d'hiver au mois de juin, il n'y en a pas en magasin ! Attendre de voir les cadeaux de naissance arriver.

Tout ce qu'il faut pour bébé

Ou l'incroyable rapport proportionnel entre une si petite chose et le semi-remorque de matériel qui lui est nécessaire.

Pour tout ce qui touche aux « petites affaires » de votre bébé, vous aimeriez acheter tout ce qu'il y a de plus neuf, de plus joli, de plus perfectionné. En fait, vous avez envie de VOUS faire plaisir. Tout cela est bien légitime, et tant mieux pour celles qui peuvent tout s'offrir. Sinon, contactez famille et amis car de nombreux ustensiles pourront vous être prêtés. Dites-vous aussi que pour bébé, le plus important est le confort et l'amour que vous lui apporterez (et pas le stérilisateur multifonctions).

Les vêtements indispensables

La liste de la maternité prévoit le linge nécessaire pour les quelques jours qui suivent la naissance. En général, elle indique :

- 8 bodys en coton
- 8 pyjamas ou « dors-bien » en éponge ou en coton
- 2 gilets (en prévoir plus en hiver)
- 2 gigoteuses (molletonnées en hiver)
- 6 paires de chaussettes
- 1 bonnet (il sera nécessaire pour les premières heures parce que les bébés se refroidissent par la tête. Prenez quelque chose de très doux.)
- 1 combinaison molletonnée pour la sortie de la maternité
- 6 bavoirs
- 6 langes en coton (indispensables pour recouvrir votre épaule lors du rot ou sous sa tête dans le lit. Plus tard, ces langes font d'admirables torchons pour faire les vitres...)

Le matériel indispensable

Voilà la liste de tout ce qu'il vous faudra pour pouvoir prendre soin de la Prunelle-de-vos-yeux. Dans tout cet attirail, nombre d'objets peuvent être achetés d'occasion ou prêtés. Si c'est le cas, surveillez toujours la sécurité : pour le matériel, comme le lit, le siège auto et la poussette, vérifiez la conformité avec les normes en vigueur.

- 1 lit à barreaux
- 1 matelas aux dimensions exactes du lit
- 2 alèses
- 4 draps-housses
- 1 nacelle ou un couffin pour ses premières semaines (facultatif)
- 1 écoute-bébé (de préférence multicanaux, alimenté par piles et sur secteur)
- 1 stérilisateur
- 1 chauffe-biberon
- 6 biberons en verre complets (avec tétine, bague de vissage, opercule anti-fuite, bouchon)
- 1 boîte de lait en poudre 1er âge
- 1 goupillon spécial biberons (avec goupillon spécial tétines)
- 1 baignoire en plastique avec transat de bain
- Des serviettes de bain
- 1 matelas à langer (ou une table à langer complète)
- 1 poussette confortable (en hiver, 1 landau)
- 1 porte-bébé ventral
- 1 ombrelle et 1 moustiquaire
- 1 siège auto 1er âge groupe 0
- 1 transat (qui doit être lavable, léger et multipositions !!!)

- 1 lit auto pour les longs voyages (la nacelle de la poussette est faite pour ça)
- 1 sac à langer ou tout autre accessoire léger, facile à ouvrir d'une main.

La vérité vraie sur… la poussette

La vendeuse du magasin vous dira : « Celle-ci est très confortable, pratique et servira à tous les âges. »

NE LA CROYEZ PAS. Faites-vous votre propre opinion. Certes, le bébé doit être à l'aise, mais il n'aimera pas non plus que sa maman ait un lumbago à chaque fois qu'elle rentre la poussette dans le coffre de la voiture…

Donc, vérifiez :

- le poids ;
- le pliage (il doit se faire d'une seule main : l'autre est occupée par l'enfant, le sac à langer, l'ours en peluche, le parapluie, le biberon, etc.) ;
- l'encombrement (elle doit rentrer dans le coffre de la voiture, dans l'ascenseur, passer dans un couloir de bus, etc.).

À savoir

Vers le premier anniversaire, vous aurez sûrement envie de passer à quelque chose d'encore plus léger et plus pratique : la poussette canne. Vous remiserez donc le char qui a promené bébé jusque-là. Aurez-vous assez de place dans le grenier ou la cave ?

Pour plus de renseignements sur l'achat de la poussette, reportez-vous page 182.

Dans la trousse de toilette

- Gel lavant 2 en 1 spécial bébé
- Coton, en paquet ou en carrés prédécoupés
- Compresses stériles
- Filets de maintien pour les soins du cordon
- Sérum physiologique en dosettes uniques
- Mouche-bébé (facultatif au début)
- Crème hydratante pour bébé
- Brosse à cheveux lavable
- Thermomètre de bain et thermomètre médical
- Éosine solution aqueuse 2 % (en dosettes)
- Pommade « pâte à eau » (pour protéger les fesses)
- Crème à base de zinc
- Désinfectant type Diaseptyl ou Chlorhxidine
- 2 paquets de couches 1er âge

Pour la chambre

- 1 mobile
- 1 tour de lit coloré
- 1 ou 2 hochets mous en éponge et coton
- 1 boîte à musique

La valise de la maman

Vous ne savez pas exactement combien de temps vous allez passer à la maternité. Tout absorbée par l'émerveillement de votre poupon, vous devrez tout de même penser à votre confort et à votre repos.

Comment s'habiller ?

Vous allez passer presque tout votre séjour au lit : il faut être à l'aise, tout particulièrement si vous allaitez.

Il vous faudra bien 4 ou 5 tenues. L'idéal étant les ensembles chemise (si vous allaitez) ou grand tee-shirt et caleçon, permettant de retirer le bas quand on est au lit pour faciliter les soins.

Prenez également un peignoir ou une robe de chambre pour vous promener dans les couloirs. N'oubliez pas de prendre des pantoufles ou autres ballerines pour déambuler, ainsi que 5 ou 6 paires de chaussettes.

Emportez aussi un châle ou un gilet bien chaud pour couvrir vos épaules.

Songez également à votre sortie, mais n'ayez pas d'illusions, vous allez bel et bien porter vos vêtements de grossesse pendant quelques temps encore...

Que mettre en dessous de tout ça ?

Si vous allaitez, vous allez bénir celui qui inventa le soutien-gorge d'allaitement. Ouvert sur le devant, d'un soutien maximum, il facilite grandement la bonne marche de l'usine à lait que vous allez peut-être gérer. LE problème : quelle taille choisir ? Bien sûr, avec la grossesse, vos seins se sont épanouis. Mais vous n'avez encore rien vu ! La montée de lait transforme vos formes généreuses en mamelles industrielles dont on ne peut connaître la croissance à l'avance. C'est pourquoi il est assez sage de choisir un soutien-gorge d'une taille au-dessus de la vôtre en fin de grossesse. Certaines mamans commencent l'allaitement avec des soutiens-gorge bon marché et ont ensuite investi dans un modèle parfaitement adapté, pratique et solide.

Prenez également tous les accessoires qui facilitent l'allaitement : des coussinets absorbants, des coquilles pour recueillir le trop-plein, de la pommade cicatrisante.

Les culottes : pour maintenir les serviettes ultra-méga-absorbantes qu'il vous faudra porter, rien de tel que des slips jetables en filet. Vous les porterez encore quelque temps, même à la maison (pas de lessive à faire).

Les serviettes hygiéniques : longues, TRÈS absorbantes, et en grande quantité (deux paquets).

La toilette de la maman

Songez au bonheur de vous débarbouiller dès que cela sera possible. Pour cela, emportez plusieurs serviettes éponges et autres gants de toilette.

Pensez au gel lavant (pour la douche et les mains), au shampooing. Achetez des produits peu parfumés pour ne pas incommoder votre petit (qui vous reconnaît à l'odeur pendant quelque temps).

Pour les mamans ayant eu une césarienne, la douche ne sera possible que quelques jours après l'accouchement. Pensez alors au shampooing sec avec lequel vous vous sentirez plus nette.

Un démaquillant 2 en 1, une crème hydratante, un lait pour le corps, un déodorant, un brumisateur d'eau seront souverains pour vous rafraîchir.

Un sèche-cheveux est utile pour ne pas garder la tête mouillée et ainsi éviter de refiler tout de suite un rhume à son petit. Il sert également à sécher une épisiotomie en voie de cicatrisation.

Vous allez sûrement recevoir un peu de visite, alors, même si l'envie vous manque, prenez le nécessaire minimum pour vous faire une beauté : un blush, un anti-cerne, un mascara, un gloss seront suffisants. Pensez surtout que tout le monde va mitrailler le petit bout et que vous apparaîtrez sur de nombreuses photos. Si vous gardez le cheveu gras et la mine défaite, vous passerez ensuite des années à arracher discrètement les clichés éparpillés dans les albums photos de la famille...

Petits réconforts pour la maman

Même s'il est riche en émotions et en découvertes, le séjour à la maternité peut paraître long. Prévoyez le coup en apportant dans votre boîte à malices de quoi vous gâter un peu et vous distraire :

- Un paquet de biscuits, du chocolat ou quelque chose qui vous fait plaisir pour améliorer le plateau-repas parfois calamiteux (NB : on a déjà vu des hôpitaux servir de l'andouillette à une jeune accouchée, beurk...).
- Une petite radio ou de la musique pour se détendre.
- Des magazines (n'espérez pas lire un livre, vous serez incapable de vous concentrer plus de deux minutes).
- Une grande boîte de mouchoirs : émerveillement devant votre chef-d'œuvre, joie devant ses moindres grimaces, coup au moral

(prise de conscience qu'il y a du boulot pour redevenir une jeune femme mince et dynamique) sont autant d'occasion de pleurer.

- La liste des numéros de téléphone importants : l'homme ne pensera peut-être pas à appeler tout le monde...
- Un stylo, un cahier (pour noter tout ce que les sages-femmes ou les infirmières vont vous dire et que vous aurez peur d'oublier).
- Un appareil photo, votre téléphone et son chargeur.

Les papiers administratifs

À mettre à part, rassemblés dans une pochette cartonnée ou dans une grande enveloppe.

- Carte Vitale.
- Carnet et carte de mutuelle (père et mère).
- Carte d'identité (père et mère).
- Carte de suivi de grossesse.
- Carte de groupe sanguin.
- Livret de famille.
- Document éventuel relatif à une reconnaissance du bébé si les parents ne sont pas mariés.

Attention : le papa ou la personne qui vous accompagnera doit absolument savoir où se trouvent les papiers pour vous éviter tout affolement, une fois arrivés à la maternité.

Organisation du retour à la maison

Une fois rentrée avec votre bébé sous le bras, vous n'allez pas ressortir de sitôt. Les premières semaines, vous aurez à peine le temps de prendre une douche et devrez faire preuve de trésors de motivation pour ne pas traîner en survêtement toute la journée, alors... aller faire des courses vous paraîtra aussi audacieux que d'aller faire du trekking en Ouzbékistan.

Du coup, il faut S'OR-GA-NI-SER. Avant.

Les courses

Les derniers jours de votre grossesse, vous n'irez pas au supermarché et porter des courses plus lourdes que vous. Alors, pourquoi ne pas profiter des derniers progrès de la science ménagère ?

Faites vos courses sur Internet et faites-vous livrer ce qui est le plus encombrant : packs d'eau, packs de bière pour papa ému, couches premier âge, lessive, etc.

Si vous préférez, envoyez le papa avec une liste EXTRÊMEMENT claire et précise.

Les chaînes de produits surgelés livrent également leurs clientes : faites provision de légumes, de plats préparés et autres denrées que vous n'aurez pas le temps d'acheter ensuite.

Si vous en avez le courage, cuisinez des plats en grande quantité et congelez le tout en portions. Vous bénirez l'inventeur du congélateur quand bébé sera là.

Faire part ou ne pas faire part ?

L'envie d'annoncer « la grande nouvelle » officiellement vous démangera peut-être au retour à la maison. Bien sûr, vos proches seront prévenus plus vite par téléphone, mais le faire-part reste un charmant souvenir à envoyer à la famille éloignée et aux amis.

Plusieurs méthodes s'offrent à vous :

- ***Classique* :** avant la naissance, il suffit de se rendre chez un imprimeur et de sélectionner un modèle. Dès que l'enfant est là, le papa ou toute autre personne donne les dernières informations à faire figurer dans le texte (date de naissance, prénom, poids ou autre renseignement) puis passe récupérer les bristols.
- ***Créative* :** si vous êtes une professionnelle du graphisme ou des travaux manuels, vous pouvez réaliser vous-même vos faire-part. Mais attention !

    1. Soyez sûre qu'il existe des enveloppes à la taille de votre création.

    2. Surveillez le poids de votre faire-part : au dessus de 20 g, vous devrez payer des frais d'affranchissement élevés !

- ***Branchée* :** de nombreux sites internet permettent de commander rapidement des faire-part de tout type. Profitez du temps qui vous reste pour comparer les offres et le graphisme.

Quand partir pour la maternité ?

Là, ma foi, vous sentez que ça commence. Comment en être sûre ?

Les signes avant-coureurs

La légende veut que les mamans sur le point d'accoucher soient prises d'une frénésie de nettoyage, afin de préparer un nid tout propre pour leur futur enfant.

Rangement, lessive, astiquage... dans tous les cas, vous aurez sans doute de l'énergie à revendre, une sorte de « sprint final » avant le grand événement.

Cette agitation traduira sûrement votre envie de passer à autre chose, un sentiment de « ras-le-bol » pour cette grossesse. Vous en avez assez, plus qu'assez. Et puis tout le monde a le don de vous demander : « Alors, toujours pas ? » C'est pénible à la fin cette impression d'être coincée dans les starting-blocks.

Un autre signe peut être la perte du bouchon muqueux. Pas la peine d'inspecter avec angoisse la cuvette de vos toilettes après chaque passage : ce signe peut très bien passer inaperçu. En se dilatant, le col de votre utérus va perdre cette sorte de glaire, épaisse et gélatineuse. Si cela ne signifie pas que l'accouchement est imminent, cela montre au moins que le processus du « travail » est enclenché.

Attention !

Après la perte du bouchon muqueux, inutile de se précipiter à la maternité : deux jours peuvent encore vous séparer de la délivrance !

Les premières contractions se manifestent dans le ventre et le bas du dos : ce sont des douleurs de règles puissance 10. Le ventre devient très dur puis se relâche. D'abord irrégulières, d'intensités différentes, elles peuvent s'apaiser quand on se repose, allongée. Parfois, on souffre toute la nuit, et le lendemain, plus rien !

Ces contractions manifestent le début du travail. Elles sont parfois appelées « faux travail », parce que ces mouvements ne sont pas suffisants pour dilater le col de l'utérus. C'est à ce moment-là pourtant qu'il termine sa maturation : il se centre, se raccourcit, se ramollit et ensuite, commence à s'ouvrir.

Il faut essayer de vivre ce passage calmement, en prenant un bain par exemple (mais surtout pas si l'on est seule), en respirant calmement et profondément.

Si vous attendez votre premier enfant, vous avez encore quelques heures devant vous. Pour un deuxième ou troisième enfant, attention ! L'accouchement est parfois rapide. Ne partez pas trop tard pour la maternité.

Les signes qui ne trompent pas

Les contractions s'intensifient, s'accélèrent : elles sont régulières (toutes les 5 à 10 minutes) depuis 1 heure.

Si vous hésitez, téléphonez à la maternité pour qu'ils vous disent s'il est temps de venir.

Soudain, vous vous sentez inondée : que cela soit par un filet de liquide ou que cela ressemble à un lâcher de Canadair, vous vivez ce que l'on appelle la rupture de la poche des eaux. Voilà un autre signe de l'imminence de l'arrivée du bébé. Rendez-vous tout de suite à la maternité car l'enfant n'est plus protégé par le liquide amniotique. Munissez-vous de grandes serviettes éponges dont vous recouvrirez le siège de la voiture.

En voiture !

Le trajet peut paraître bien long sur cette dernière ligne droite !

- Vous serez sûrement assez angoissée, fatiguée, et souffrirez à cause des contractions. Installez-vous confortablement, en allongeant le siège au maximum.
- Suppliez votre chauffeur d'aller doucement (mais qu'il se bouge quand même !) et d'éviter les à-coups.
- Allez, courage ! C'est le début d'une nouvelle vie qui commence !

Et le papa dans tout ça ?

À ce moment-là, le centre de toutes les attentions, c'est vous et votre bébé. Le pauvre « géniteur », lui, doit se contenter d'un rôle d'accompagnant, de soutien, de souffre-douleur (aïe, aïe, aïe, les ongles plantés dans sa main !) et aussi de témoin privilégié en charge d'immortaliser ces instants magiques.

Pourtant, le pauvre homme, il va en vivre des émotions ! Il va en connaître des angoisses ! Arrêtons cinq minutes de regarder notre nombril (déboutonné) pour accorder quelques instants d'intérêt à ce cher ange.

Une trousse de secours « spéciale papa »

Il va peut-être devoir attendre des heures l'arrivée de son rejeton et, même s'il est censé être votre chevalier servant, vous serez bien charitable de lui préparer quelques affaires pour lui faire passer le temps en douceur...

- Des mouchoirs (ça pleure, ces grands dadais), une brosse à dents (il piquera votre dentifrice), une tenue de rechange (s'il doit y passer la nuit).
- Quelque chose à boire et à manger (sauf rillettes et camembert) : pas toujours le temps d'aller à la cafétéria (surtout la nuit, elle est fermée).
- De la musique : attention, le téléphone ou lecteur MP3 risque d'être pris en otage par la maman qui aimera écouter ses chansons favorites entre deux contractions.
- L'appareil photo et la caméra... chargés ! Ce n'est pas le moment de bafouiller « j'ai plus de batterie ». Vous ne pourrez pas faire de deuxième prise (même en cas de jumeaux).
- Une console de jeux portable, un lecteur de DVD... enfin, de quoi occuper ses mimines (il ne sera pas assez concentré pour lire, même des magazines de foot).
- La liste des personnes à appeler au moment de l'événement (parfois, mieux vaut que la maman prépare ça à l'avance, le jeune papa pouvant être atteint d'amnésie brutale sous le choc de l'émotion).

Assister ou ne pas assister à l'accouchement

Il a été démontré que la présence du père lors de la naissance était un réel soutien pour la mère : dans cette situation angoissante, très médicalisée, fatigante et si émouvante, la compagnie d'un être cher apporte un réconfort considérable (il a même été prouvé que cela réduit le besoin d'antidouleur). Il semble donc logique que le papa souhaite partager cette expérience unique avec sa femme. Pourtant, certains sont tellement angoissés, ont si peur d'être traumatisés par les images (leur vie sexuelle peut être perturbée pour un bon moment), ont une telle phobie du sang… qu'il convient de ne pas les accuser de lâcheté si l'épreuve leur semble insurmontable. Il s'agit vraiment de discuter de cette question, au calme, quelque temps avant l'événement pour que chacun puisse exprimer son point de vue, et surtout, être à l'écoute de l'autre.

Brigitte, 34 ans, maman d'Eloïs, 3 mois :

« Finalement, j'ai été soulagée quand Maxime m'a avoué qu'il préférait attendre dans le couloir au dernier moment. Je ne voulais pas qu'il se sente rejeté… et moi, je préférais qu'il ne me voie pas dans les ultimes efforts. Nous avons été ravis tous les deux de nous retrouver autour de notre fils, quelques minutes après son arrivée. »

Samy, 29 ans, papa de Paulo, 2 semaines :

« Assister à la naissance de Paulo ? C'était comme prendre conscience que ma vie était bouleversée, se rendre compte que plus jamais rien ne serait comme avant. Un grand cadeau. Et je remercie encore ma femme tous les jours de me l'avoir offert. »

Que faire pour aider la maman pendant le « travail » ?

Être là, c'est bien gentil. Mais si c'est pour n'être qu'un spectateur et gêner le passage des soignants, ça ne sert pas à grand-chose ! Allez, futur papa, montre-toi héroïque !

Pour vous aider à passer ce moment difficile, le papa peut :

- Vous parler, vous dire des choses gentilles. Pour aider ceux qui manquent d'inspiration : « Mais oui, je t'aime… même maintenant », « Tu es en train de m'offrir le plus beau des cadeaux », « Merci de me rendre aussi heureux », etc.
- Vous masser les mains, la nuque, la tête ou quoi que ce soit d'autre, tant que cela soulage et détend l'intéressée (on lui pardonnera toute bizarrerie).

- Vous donner à boire (tant que vous avez le droit de boire).
- Vaporiser de l'eau sur votre visage et éponger délicatement ensuite (on insiste sur le « délicatement »).
- Vous aider à vous redresser ou vous placer dans la position qui vous soulagera (même si c'est avec une jambe en l'air, on aide et on se tait).
- Vous aider à vous rendre aux toilettes.
- Appeler quelqu'un pour poser une question urgente (sans donner l'impression de paniquer, s'il vous plaît).

À éviter à tout prix :

- Les questions du genre : « Ça fait si mal que ça ? », « Et c'est quoi le menu ? » ou « T'as pensé à payer la facture EDF ? »
- Les remarques du style : « On s'ennuie ferme ici », ou « Y a pas la télé en salle de travail ? Pfff, je remonte dans la chambre ! »
- Les phrases qui tuent : « Tu pourrais souffrir en silence », « Et dire que ma mère a eu cinq enfants, sans péridurale », « Elle reste fraîche, la jeune femme d'à côté ! »

(À moins de vouloir qu'on vous lacère le visage à coups d'ongles.)

Acte 2

T'es qui, toi ?

Voilà. Vous êtes à la maternité. Cela fait au moins 10 heures que vous « travaillez », haletante, suante et couinante. Tout le monde est autour de vous, prêt à recueillir la petite merveille que vous allez mettre au monde. La sage-femme vous délivre ses bons conseils, le médecin surveille le déroulement des opérations. Votre compagnon, courageux, impliqué, dévoué, a tenu à vous assister, pour vous montrer tout son amour. Il est gentil ce futur papa, il vous éponge le front, vous masse les doigts, souffle et pousse en même temps que vous. Et vous, comment allez-vous faire ?

Vous dans votre rôle de maman

Maman 1 « *Bienvenue dans le meilleur des mondes !* »

Vous avez souhaité cet enfant ensemble, vous avez partagé l'enthousiasme de la grossesse et maintenant, quoi de plus naturel que d'assister tous les deux au dénouement de l'aventure ? Vous le remerciez d'être là, de vous soutenir, vous écoutez sa voix qui vous rappelle les principes du yoga...

➔ **Cette maman a de la chance, elle reste détendue et profite de la compagnie de son chéri pour vivre pleinement son accouchement. Peut-être que son compagnon est moins serein qu'il en a l'air. En tout cas, il applique certainement les principes enseignés pendant les cours de préparation à l'accouchement auxquels il a lui aussi assisté !**

Maman 2 « *C'est bientôt fini ?* »

On vient de vous poser votre péridurale et enfin vous respirez un peu. Vous êtes maintenant rassurée, vous n'aurez pas mal. Vous tenez la main du Papa et vous l'assaillez : « Est-ce que le Dr Quimébas est arrivé ? Va demander à la sage-femme à combien j'en suis ! Je suis à jeun depuis 9 heures, va me chercher un sandwich ! »

➔ **Il est normal d'être angoissée au moment de la délivrance. Pourtant, tout le monde est là, autour de vous, pour faciliter les choses et veiller à ce que tout se passe bien. Bien sûr, le futur papa peut bien vous passer quelques caprices ce jour-là…**

Maman 3 « *Au secours !* »

Vous n'en pouvez plus, vous hurlez jusqu'à ce que l'anesthésiste arrive pour vous faire votre péridurale, vous êtes odieuse avec les sages-femmes et avec votre compagnon : « C'est toi qui m'a mise dans cette galère ! » Vous le disputez, entre deux contractions vous exigez une compresse froide pour vous rafraîchir puis une compresse chaude pour vous détendre...

➔ **Peut-être qu'après la naissance, votre compagnon ne se souviendra plus de ce que vous lui avez fait subir… N'en profitez pas pour vous défouler** sur lui ! Certaines femmes perdent complètement leurs moyens pendant l'accouchement : essayez de vous ressaisir (en fait, vous ferez tout juste comme vous pourrez...).

Déjà dans la compét' !

On vient à peine de vous montrer votre petite merveille, vous n'avez même pas eu le temps de compter ses doigts de pied et de main (on le fait toutes !), de lui dire « bienvenue parmi nous », et déjà, on vous l'enlève pour aller le nettoyer, et lui faire passer une batterie de tests. Ça commence tôt pour lui donner une bonne note !

Le but de ces premiers gestes est d'évaluer la bonne santé du bébé : en cas de problème, tout sera mis en œuvre immédiatement pour l'aider.

Le test d'Apgar

Il s'agit d'un ensemble d'observations, effectuées à 1, 5 et 10 minutes de vie, qui permettent d'évaluer la vitalité et la bonne santé du nouveau-né. Sur une échelle de 0 à 10, on note plusieurs critères (chacun noté de 0 à 2) :

- la fréquence cardiaque ;
- la respiration ;
- le tonus musculaire ;
- les réflexes ;
- la couleur (teint pâle, rosé, extrémités bleues...).

Un score compris entre 8 et 10 est excellent. Entre 5 et 7, une aide respiratoire est peut-être nécessaire. On pratique aussi un massage vigoureux sur la peau. En dessous de 5, un masque à oxygène est placé sur le nez, l'enfant étant en situation difficile.

À noter !

Très utile pour aider le bébé à prendre « un bon départ », le score n'est cependant pas un indicateur sur la santé future de l'enfant.

Les premiers soins

Le papa assiste généralement à ces premiers soins... Il peut même s'inquiéter de voir cette petite chose si fragile manipulée avec autant de « dynamisme » !

- On aspire les mucosités qui pourraient gêner la respiration dans le nez et la bouche avec une petite sonde (ce qui impressionne beaucoup les papas... « Vous n'allez pas lui enfoncer ça dans les narines ! »)
- Une autre petite sonde est enfoncée dans la gorge vers l'estomac pour vérifier qu'il n'y a pas d'anomalie de l'œsophage.
- On vérifie que l'anus est en place et qu'il est perméable.
- On place une goutte de collyre antibiotique dans les yeux.
- Le nombril (et le petit morceau de cordon ombilical qui reste) est désinfecté, puis une compresse est placée, maintenue par un adhésif ou un filet Surgifix.
- On met dans la bouche du bébé quelques gouttes de vitamines K1 pour prévenir la maladie hémorragique du nouveau-né.

Fiche signalétique

Dès les premiers soins, le bébé est nettoyé (on lui retire les restes de vernix soit en l'essuyant, soit en le baignant), et examiné sous toutes ses coutures. Mesuré (taille, périmètre crânien), pesé, il est ensuite « étiqueté » par un bracelet de naissance (manquerait plus qu'on vous en donne un autre).

Il est ensuite habillé chaudement : il vivait à 37,2 °C et il doit s'adapter à la température ambiante, or son système de régulation thermique est totalement immature, il lui faut donc un apport extérieur de chaleur (notamment à la tête, zone qui se refroidit le plus vite).

Le test de Guthrie

Quelques jours après sa naissance, on prélèvera quelques gouttes de sang, à l'aide d'un buvard, au talon du bébé (sans douleur, c'est promis !) afin de détecter les maladies métaboliques rares.

Si vous n'avez pas de nouvelles des résultats au bout de quinze jours, c'est que tout est normal. Dans le cas contraire, le médecin sera informé et les tests supplémentaires seront effectués.

Les tests neurologiques

Le pédiatre va examiner bébé pour tester sa tonicité, ses réflexes pour détecter d'éventuelles anomalies... (pour ce faire, le bébé doit être bien réveillé.)

- La marche automatique : le pédiatre le tenant droit et posant ses pieds sur un plan dur, le bébé se redresse et ses jambes font quelques pas (il peut même enjamber quelque chose).
- Un doigt étant placé dans la paume du bébé, celui-ci s'y agrippe fortement (réflexe du *grasping*) et tend l'ensemble de son bras, au point que l'on peut le soulever du lit en tirant un peu.
- Le pédiatre soulève l'enfant par ses deux mains et le relâche brusquement : bébé tend alors les bras, ouvre les mains et referme ses bras dans un mouvement d'embrassade.

Raphaëlle, maman de Lukas, 1 mois :

« Je me souviens d'avoir été très impressionnée par la visite du pédiatre... moi qui prenais de telles précautions pour bouger mon bébé ! Je me suis rendu compte qu'il était certes fragile, mais bien solide quand même ! »

Il n'est pas beau, mon bébé !

L'amour rend aveugle, ne revenons pas là-dessus. Vous sentez l'amour maternel vous envahir, vous éprouvez de la fierté pour avoir fabriqué un petit humain avec le kit complet : 2 yeux, 4 membres, 5 doigts à chaque main et à chaque pied (que la seule maman qui n'a pas discrètement compté les doigts de son enfant se lève !).

Pourtant, il faut bien s'avouer que quelque chose cloche : cet enfant est AFFREUX !

Lisa, 32 ans, styliste :

« À la naissance, ma fille Carla était bleue, ou plutôt indigo. Heureusement, elle est rapidement redevenue plus humaine. »

Sophie, 30 ans, mère au foyer :

« Mon fils était tout cabossé, tiré aux forceps. Je me suis longtemps demandé s'il finirait par reprendre une forme normale. »

Caroline, 27 ans, assistante de direction :

« Théo était si poilu que mon mari, du genre blondinet, m'a regardé avec un drôle d'air. Non, je n'avais pas fauté avec un gorille ! »

Voici la liste non exhaustive des petites réjouissances qui magnifient les bébés :

• Peau enduite de « vernix »

Substance de couleur blanche qui recouvre les fœtus pour les protéger et faciliter le passage lors de l'accouchement. L'enduit disparaît au lavage, en quelques jours.

• Acné du nourrisson

Héritage des hormones maternelles, petits boutons blancs et points noirs vont disparaître tout seul. Ne surtout pas tripoter.

• Poils

Il arrive fréquemment que les bébés soient recouverts de duvet, appelé « lanugo », sur les joues, les épaules, le front, etc. Tout cela va disparaître tout seul et très rapidement.

• Ongles longs

Une vraie sorcière ! Plus le bébé naît proche du terme, plus ses ongles auront eu le temps de pousser. Attention ! On a longtemps conseillé de ne pas les couper avant un mois. Pourtant, pour éviter que bébé ne se griffe, on peut utiliser des ciseaux fins, désinfectés à l'alcool et couper ce qui dépasse.

• Grosse tête

Oui, il a l'air d'être le frère d'ET... À la naissance, la tête représente 1/4 de la taille totale du bébé. De plus, les os du crâne ne sont pas encore soudés et le long périple de l'accouchement a pu les déformer un peu, surtout si on a utilisé les forceps. Les membres paraissent courts et tordus : laissez-leur le temps de se déplier et de s'adapter à leur nouvel espace.

• Tache rouge

Souvent, une tache rouge se colle dans la nuque des bébés (ou sur son visage). Traditionnellement appelée la « marque de la cigogne » (eh oui ! elle l'a pris par le cou avec son bec pour vous l'apporter !), ce signe sera bientôt dissimulé par les cheveux et disparaîtra progressivement.

• Teint jaune

Appelé « ictère du nourrisson », cette petite jaunisse est due à la destruction par la rate des globules rouges en excès : un pigment (appelé « Bilirubine ») libéré dans le sang lui donne cette couleur. Totalement bénigne, elle sera traitée par une exposition à la lumière si les médecins le jugent nécessaire.

• Cheveux

Chauve, coiffé comme Elvis, poil de carotte… Tout est permis pour les cheveux ! Les cheveux de naissance sont tout à fait provisoires : ils peuvent tous tomber ou rester mais être remplacés par d'autres d'une couleur tout à fait différente… Donc, patience.

J'allaite ou pas ?

Vous y pensez depuis quelques mois, vous subissez des pressions familiales, vous vous documentez, vous vous imaginez dans la situation… Mais vous n'arrivez pas à vous décider.

Dans tous les cas :

Sachez que seuls comptent la tendresse, l'attention, le bien-être que le bébé ressent lorsqu'il est nourri. Vous ne serez ni une bonne, ni une mauvaise mère en allaitant ou non. La meilleure des solutions est celle que VOUS aurez choisie, celle que vous assumerez.

Quiz

Allaitement ou non ?

1. Sur la plage, vous êtes plutôt :

A Topless.

B Paréo.

2. Le père de votre enfant veut :

A Prendre le temps d'apprivoiser son enfant.

B Partager les tâches avec vous.

3. En vacances, vous :

A Préférez voyager léger.

B Ne vous séparez jamais de votre fourbi.

4. Vos seins sont :

A Des organes féminins multifonctions.

B Des attributs à valeur hautement érotique, réservés à la séduction.

Si vous avez une majorité de A :

Vous êtes prête pour l'allaitement : vous êtes convaincue des bienfaits du lait maternel et vous avez besoin de prolonger le rapport fusionnel avec votre enfant.

Si vous avez une majorité de B :

Très pudique, l'allaitement vous effraie un peu ou vous dégoûte presque. Vous avez envie que le papa prenne très vite le relais pour donner le biberon à Junior.

Quiz

Testez vos connaissances sur l'allaitement

1. L'allaitement fait tomber les seins.

☐ Vrai

☐ Faux

2. J'ai de trop petits seins pour allaiter.

☐ Vrai

☐ Faux

3. Il ne faut pas hésiter à réclamer de l'aide pour trouver la bonne position.

☐ Vrai

☐ Faux

4. Mon lait ne convient pas à mon bébé.

☐ Vrai

☐ Faux

5. Je vais être fatiguée en allaitant.

☐ Vrai

☐ Faux

6. Je dois boire de la bière pour stimuler la montée de lait.

- ☐ Vrai
- ☐ Faux

7. Allaiter me protège d'une nouvelle grossesse.

- ☐ Vrai
- ☐ Faux

8. Le lait maternel augmente les défenses immunitaires de l'enfant.

- ☐ Vrai
- ☐ Faux

1. Faux ; 2. Faux ; 3. Vrai ; 4. Faux ; 5. Vrai ; 6. Faux ; 7. Faux ; 8.Vrai.

Si vous avez décidé d'allaiter, reportez-vous page 84.

Si vous avez décidé de nourrir votre bébé au biberon, reportez-vous page 88.

Prématuré : je panique ou pas ?

Un accident de parcours, un problème médical… et bébé tant attendu arrive un peu trop tôt. Même si, à la fin de la grossesse, on souhaite bien souvent que le temps passe un peu plus vite, la prématurité est loin d'être souhaitée : même si les bébés ont de grandes chances d'être comme les autres au final, cette petite avance prise sur ceux-ci est une vraie source d'angoisse pour les parents.

Préma : parlons date

On parle de prématurité quand l'enfant naît avant la 37e semaine d'aménorrhée. La limite inférieure (en deçà de laquelle les risques sont trop grands) se situe à 22 semaines (avec un poids minimum de 500 g).

Pour rappel, on parle de :

- Très grande prématurité en dessous de 28 semaines ;
- Grande prématurité entre 28 et 32 semaines ;
- Moyenne prématurité entre 33 et 36 semaines.

Et ça lui fait quel âge ?

On peut compter de deux façons :

- À partir de la date de naissance, soit son âge civil ;
- À partir du terme de la grossesse, son âge corrigé que les médecins utilisent pour adapter les traitements et évaluer ses compétences.

Mon bébé part en service néonat'... que va-t-il lui arriver ?

Amandine, 28 ans, maman de Théo, 6 mois :

« Un bébé prématuré, c'est une vraie source d'angoisse pour les parents. Heureusement que les équipes qui travaillent en néonat' sont d'une gentillesse et d'un dévouement exemplaires... Ils nous ont beaucoup aidés en cette période difficile, et notre bonheur quand nous avons récupéré notre fils a été encore plus grand ! »

La prématurité concerne environ 7 % des naissances. Pour être moins inquiète, mieux vaut savoir à quoi s'attendre...

- **Le lieu :** le service de réanimation est très protégé. Comme les bébés sont très fragiles, que les risques infectieux sont grands, l'accès est très limité (seuls les parents peuvent y entrer) et connaît des règles d'hygiène très strictes (blouses, masques, charlottes, surchaussures, lavage des mains, etc.).
- **La couveuse :** pour aider les prématurés à réguler leur température (leur propre système étant immature), on les place dans une couveuse chauffée (la température s'adapte à l'enfant grâce à la petite sonde qui est collée sur lui).

On peut en ouvrir les hublots (mais pas tous en même temps pour éviter les courants d'air).

- **Les appareils et traitements :** L'enfant est surveillé par des appareils qui mesurent son rythme respiratoire, son pouls et le niveau d'oxygène dans son sang (la saturation) : c'est pourquoi on a placé des électrodes sur son torse et un capteur lumineux rouge sur son pied.

Le système respiratoire du bébé est immature : une machine appelée « respirateur » va l'aider, reliée à lui par un petit tuyau placé dans son nez.

Une autre sonde permet d'alimenter le tout petit : souvent, le réflexe de déglutition n'est pas encore acquis, il faut alors aider bébé à se nourrir sans trop se fatiguer (et garder toute son énergie pour développer ses poumons). Les enfants sont sortis de couveuse quand ils pèsent environ 2 kilos.

On donne au bébé des médicaments qui l'aident à respirer : ils rendent l'enfant très somnolent, ce qui peut inquiéter les parents.

Communication

L'enfant reconnaît votre voix, sent votre odeur, et aime le toucher, un sens qui est particulièrement développé.

Malgré votre angoisse, malgré la « distance », il faut lui parler, lui expliquer que vous êtes à ses côtés, que vous l'aimez et que tout va bien se passer. Vous devez le rassurer sur ce qui lui arrive, lui dire qu'il est en sécurité.

Pourquoi ne pas laisser dans la couveuse un mouchoir imbibé de votre odeur (un tissu lavé au savon de Marseille et que vous porterez sur la peau quelques heures) ?

Je ne sais pas comment le tenir !

« Je le regarde avec tendresse

Mais je le porte comme une caisse »

(Extrait de *Poésie parentale*.)

« C'était facile quand je l'avais dans mon ventre. J'avais du mal à me lever, mais tout venait d'un bloc. Maintenant, il faut le prendre par en dessous pour éviter qu'il ne se disloque... »

(Extrait de *Prose parentale*.)

Les premiers jours, on se sent gauche. On porte son bébé comme un plateau couvert de 24 verres en cristal Baccarat, avec précaution. C'est NORMAL. Très vite, vous allez vous aguerrir, ne plus appréhender de lui faire mal ou de le casser !

Attention!

Si vous avez accouché par césarienne, il vous faudra sûrement quelques jours pour pouvoir vous redresser facilement. Si vous avez des difficultés, choisissez la sécurité et n'hésitez pas à demander à quelqu'un de vous passer votre petit.

Quelle que soit la manière dont vous le tiendrez, la règle de base est de faire attention à sa nuque. Jusqu'à 3 mois, le bébé est incapable de tenir sa tête : ses muscles ne sont pas assez forts pour lui permettre de soulever cette grosse boule si lourde. Donc, il faut l'aider!

Placez toujours votre main derrière sa tête. Pour le soulever du lit ou de toute autre surface où il est allongé, passez une main sous sa nuque. Passez l'autre main sous le bas de son dos. Rapprochez sa tête de votre poitrine et plaquez-le contre vous avant de vous redresser.

Ne laissez jamais sa tête ballotter (en voiture par exemple). Si vous utilisez un porte-bébé ventral, vérifiez bien qu'il est dans la position qui correspond à son âge.

Idées pour porter bébé

• Au creux du bras

Classique, mais efficace. Pensez à alterner les bras pour ne pas vous retrouver avec un biceps de lanceur de poids et un autre en escalope.

• Poitrine contre poitrine

Sa tête dans le creux de l'épaule. Délicieux. Permet de lui faire des bisous dans le cou, si doux et parfumé.

- ***Son ventre posé sur l'avant-bras***

Parfait pour soulager ses maux de ventre, permet de lui masser doucement le dos en même temps.

- ***Son dos contre votre poitrine***

Lorsqu'il est réveillé, pour découvrir le monde merveilleux dans lequel il vit.

- ***Sur la hanche***

Très « je fais tout d'une main ». À partir du moment où il tient mieux sa tête. Changer souvent de côté pour ne pas se déboîter le bassin.

Je suis tellement heureuse que j'ai envie de pleurer !

Pas possible ? Mais vous avez le baby-blues ! Bienvenue au club !

Il paraît que 30 à 80 % des accouchées le vivent. Vous ne voudriez pas passer à côté, non ?

Cochez les cases qui vous concernent :

- ☐ Je me sens moche, grosse et flasque.
- ☐ Je ne sais pas m'occuper de mon bébé.
- ☐ Je suis fatiguée, je ne dors pas bien.
- ☐ Je pleure, je ris, et je fais même les deux en même temps.
- ☐ Mon bébé ne m'intéresse pas.
- ☐ Personne ne me comprend.
- ☐ Je n'ai pas l'instinct maternel.

Bingo ! Plus vous aurez coché de cases, plus vous serez atteinte !

En général, le phénomène commence entre le 3e et le 10e jour. C'est à peine le temps nécessaire pour réaliser que vous êtes sortie de cet état de grâce qu'est la grossesse, où l'on se sent protégée, où l'on est dans sa bulle... Maintenant, il faut assumer !

Pour certaines, cette petite déprime peut durer quelques heures, pour d'autres quelques jours, plus rarement une semaine.

Attention !

Certaines jeunes mamans, rares heureusement, tombent dans une véritable dépression. Donc, si les symptômes persistent, n'ayez pas peur d'en parler à votre médecin. Vous ne pouvez pas sombrer dans un vrai mal-être, votre enfant en subirait les conséquences.

Pourquoi ça ne va pas ?

Vous rendez-vous compte du chamboulement que vous venez de vivre ? Vous vous étiez habituée à vos formes de pachyderme. C'est comme quand on quitte une maison bien confortable pour découvrir un nouvel appartement où l'on n'a pas de repères : on se sent fragile et moins bien protégée par les murs. Voilà, c'est pareil.

En plus, inutile de parler de la révolution qui vient de se jouer entre vos hormones. Déjà, avant vos règles vous êtes irritable, alors là, après cette tempête, imaginez un peu.

Et puis ce bébé, vous l'aviez imaginé comme ci, comme ça. Et en fait, vous vous retrouvez avec un petit étranger qu'il va falloir apprivoiser.

N'oublions pas non plus qu'il y a quelques jours, vous étiez une femme. Aujourd'hui vous êtes, en plus, une mère. Bonjour le poids des responsabilités !

Comment lutter ?

Il faut avant tout PARLER.

À la maternité, plusieurs personnes peuvent vous tendre une oreille charitable. La sage-femme, l'infirmière de nuit, le pédiatre, le médecin... tout le monde est parfaitement au courant de ce qui vous arrive. Ne gardez pas vos larmes pour vous. Ils ne pourront que vous rassurer.

Il faut savourer le plaisir d'être mère

Cela s'apprend. Cela prend du temps.

Ce sont de grands bonheurs, mais aussi de petites frustrations (vous n'arrivez pas à le calmer, il arrête de pleurer dans les bras de son père mais pas dans les vôtres, etc.).

Laissez faire le temps. Dans quelques jours, vous n'y penserez plus.

Mais oui, je vais m'en remettre ! (enfin, j'espère !)

C'est sûr, laisser passer un corps étranger de plus de 3 kilos et de 50 centimètres dans un tunnel aussi étroit, ça laisse forcément des traces. Pourtant, depuis la nuit des temps, les femmes continuent d'avoir des enfants... pour preuve qu'on finit bien par s'en remettre (pensée positive !).

Épisiotomie, mon amie

Bon, vous y avez eu droit. L'épisiotomie est un geste très courant (même si la tendance veut que la technique soit de moins en moins pratiquée), qui consiste à inciser le périnée plutôt qu'à le laisser se déchirer lors du passage du bébé. Les tissus sont recousus avec du fil résorbable qui disparaît en quelques jours. Mais forcément, une cicatrice à cet endroit-là, c'est pas rêvé-rêvé.

- ***Les soins* :** Il faut garder la zone propre et sèche, c'est pourquoi il convient de laver et essuyer la plaie après chaque passage aux toilettes avec des produits antiseptiques et bien sécher (on recommande parfois l'usage d'un sèche-cheveux, mais il ne faut pas en abuser). Mieux vaut porter des sous-vêtements en coton qui permettent à la peau de respirer.
- ***La douleur* :** Soyons honnêtes, il s'agit plutôt d'une gêne (importante, je vous l'accorde) plutôt qu'une douleur puissante. Il est difficile de s'asseoir, on a peur de se rendre aux toilettes (faut pas pousser !) et on a du mal à envisager qu'un jour on redeviendra une femme avec une activité sexuelle normale (débridée ?). Une petite bouée, sur laquelle poser la zone endolorie, peut se révéler efficace.

Vous pouvez toujours demander des antalgiques, vous serez soulagée. Quelques complications peuvent survenir (inflammation notamment), mais elles se soignent très bien.

Pourtant, il faudra vous y faire, seule la patience viendra à bout de votre peine... (et dites-vous que ça fera des souvenirs de guerre à raconter !)

Césarienne, qu'à cela ne tienne (rime riche !)

Une naissance sur cinq passe par cet acte chirurgical... Les suites sont donc celles d'une vraie opération (vous ne souffrez pas pendant la naissance, mais vous avez plus de mal à vous remettre qu'en cas d'accouchement par voie basse). Apprenez les règles d'or pour se remettre au mieux et au plus vite !

- Vous ne serez pas libre de vos mouvements tout de suite : perfusion, cathéter pour l'antidouleur, sonde urinaire (jusqu'à ce que les urines soient abondantes et claires)... vous ne pourrez pas vous lever avant le lendemain, et encore, avec de l'aide et sous surveillance. Pourtant, il ne faudra pas non plus attendre trop longtemps avant de remettre le pied par terre : plus vite on reprend une activité (juste quelques mouvements), plus vite on se remet !

- Vous aurez mal, c'est sûr. Mais vous recevrez d'office des antalgiques. N'attendez pas que la douleur s'installe, prenez quelque chose dès que vous sentez qu'elle se réveille.
- Tout le ventre a été anesthésié... le transit va donc être à l'arrêt pendant quelque temps : il faudra attendre sa reprise (et les fameux « gaz ») pour pouvoir vous alimenter normalement (enfin, vous n'aurez pas le droit à une choucroute tout de suite).
- L'allaitement est possible (même s'il est difficile au début) : il faut trouver une position confortable. En général, on recommande de se mettre sur le côté ou sur le dos avec la tête du bébé appuyé sur le sein et le corps sous l'aisselle... Les contractions déclenchées par l'allaitement peuvent être douloureuses (mais elles sont compensées par le plaisir de ces échanges magiques !).
- La cicatrice est soignée au quotidien par l'équipe médicale, les fils retirés au bout d'une dizaine de jours.
- L'hospitalisation est un peu plus longue que pour un accouchement par voie basse : elle peut aller jusqu'à dix jours.
- Vous aurez besoin de rééducation par un kinésithérapeute qui vous expliquera des mouvements qui vous permettront de vous remettre en douceur.
- La frustration : vous pouvez avoir des regrets de ne pas « l'avoir fait ! », de ne pas pouvoir vous occuper tout de suite du bébé et d'avoir du mal à bouger... Ne culpabilisez pas. L'essentiel, c'est que votre bébé soit dans vos bras !

Sonia, 33 ans, maman de Lucie, 3 mois :

« J'ai été frustrée d'apprendre que mon accouchement serait une césarienne... j'avais vraiment l'impression d'avoir raté quelque chose. Et puis, au bout de quelques jours, la présence de ma fille m'a vite fait oublier ces pensées négatives ! »

Acte 3

Appelez-moi Super Mummy !

Avant, quand vos copines mères de famille (celles qui ont des yeux cernés et du lait séché sur l'épaule) vous parlaient de leurs soucis d'organisation, il vous semblait qu'elles exagéraient toujours.
« Comment ça, elles n'arrivaient pas à s'en sortir ? Un enfant, ce n'est pas si compliqué ! Elles se noient dans un verre d'eau ! Tout ça pour se faire plaindre... »
Maintenant que vous avez rejoint leur clan (vos cernes et les traces de lait sur votre épaule l'attestent), vous vous en voulez rétrospectivement d'avoir pensé cela. Et vous êtes parmi les premières à vous épancher sur leur épaule...

Vous dans votre rôle de maman

Maman 1 « *Je suis cool, mais quand même...* »

Même si vous essayez de vous caler sur le rythme de bébé, même si vous n'accordez pas une grande importance au rangement de la maison et pouvez manger des pâtes tous les soirs... Vous osez avouer que vous aimeriez bien retrouver votre zénitude habituelle...

- Un bébé bouleverse la vie de ses parents, même s'ils ont un bon sommeil et qu'ils aiment la nouveauté ! Malgré tout le bonheur qu'un boutdechou apporte, on a le droit de dire que l'on est fatiguée ou que l'on est débordée par tout ce qu'il y a à faire !

Maman 2 « *C'est dur, mais quel bonheur !* »

Vous ne savez plus où donner de la tête : vous vous retrouvez à midi toujours en jogging, pas douchée, avec deux tonnes de repassage à faire et rien dans le frigo pour le déjeuner... Votre bibou, vous l'adorez, mais il a mis votre organisation sens dessus dessous.

- Avec l'arrivée de bébé, ce sont tous nos repères, toutes nos habitudes qui changent. Il faut arriver à l'accepter ! Et surtout trouver des solutions pour remédier à ces bouleversements, avant de trouver un nouvel équilibre.

Maman 3 « *Au secours, je n'y arriverai jamais !* »

Avec le manque de sommeil, les tâches répétitives, les cris, la fatigue... vous n'arrivez plus à rien. Quand bébé dort, vous errez dans votre maison, ne sachant pas par où commencer...

- Entre baby blues et difficulté passagère pour s'organiser, il faut arriver à reprendre sur soi, ne serait-ce que pour être opérationnelle pour s'occuper du petit monstre... Si vous en êtes là, demandez de l'aide pour ne pas vous laisser submerger. Il n'y a pas de quoi culpabiliser !

S'organiser, règle *number 1* pour s'en sortir

Très vite, vous allez constater que Bébé va vous prendre beaucoup de temps. Pour ne pas dire TOUT votre temps. Évidemment, il y a les moments où vous vous occupez de lui (le changer, le laver, le promener, le nourrir) et ceux où vous croyez faire autre chose mais où vous continuez quand même à ne vivre qu'à travers lui. Quand il dort : vous dormez (ce n'est pas vraiment ce que l'on peut appeler «prendre du temps pour soi», mais juste « survivre » !), vous faites tourner les machines avec SES vêtements, vous pliez SES affaires, vous rangez SES jouets... Autrement dit, votre journée entière lui est consacrée.

Cela peut vous satisfaire pleinement (dans ce cas, profitez-en bien) ou vous pouvez très vite regretter le temps où vous n'aviez comme préoccupation que la tenue de votre french manucure.

Pour conserver un minimum de son identité (et ne pas se réduire à être l'esclave de ce ver de terre hurleur), mieux vaut prendre les choses en main. Et très vite.

S'organiser va donc devenir une priorité absolue.

Noter

Les premiers jours, les premières semaines de vie avec un bébé à la maison sont parfois synonymes de grand tourbillon... on ne sait plus quel jour on est, on ne sait plus où on habite ! Pour ne pas perdre complètement ses repères, il est parfois bon de mettre les choses « noir sur blanc », pour mieux visualiser le déroulement des actions et mieux s'organiser.

Méthode

Achetez un joli cahier. Notez tous les événements de la journée : horaires de tétées, de change, bain, remarques concernant la santé (fesses rouges, bouton... Cela peut paraître insignifiant... mais pour une maman, un bouton est un événement !).

Avantage

Vous n'aurez plus d'efforts à faire pour vous souvenir quel sein vous lui avez donné la dernière fois ou combien de grammes de lait il a bu.

Avec un peu de recul, sur une semaine par exemple, vous aurez plus de visibilité sur votre emploi du temps (vous remarquerez par exemple qu'il vaut mieux qu'il reste éveillé un peu plus le matin pour que la sieste de l'après-midi soit plus longue... vous verrez, il y a une vraie stratégie à mettre en place !).

Si vous n'égarez pas ce précieux cahier, dans quelques années, votre Petitchou sera ravi de le redécouvrir (notamment si vous avez une fille : quand elle sera maman, retrouver ce témoignage du passé sera très émouvant).

Planifier

Très vite, vous allez comprendre que bébé a un rythme de vie qu'il ne faut pas trop perturber (une sieste écourtée peut gâcher tout un après-midi, un repas décalé peut être mal avalé...). Évidemment, il est difficile de se dire que ce petit tyran fixe désormais votre emploi du temps... mais c'est comme ça.

Pour gérer vos plannings, mieux vaut donc être prévoyante. Une visite chez le pédiatre ? On cale un horaire entre sieste et repas.

Pour donner un rendez-vous, on anticipe toujours un temps de battement nécessaire pour gérer les pépins de dernière minute (une couche à changer juste au moment où l'on aurait dû partir, un vêtement à retirer pour cause de petit vomi, un doudou à retrouver en mettant la maison sens dessus dessous...).

Méthode

Achetez un grand calendrier à accrocher au mur et inscrivez les dates importantes (surlignées en fluo !) pour visualiser rapidement et pouvoir bien répartir vos obligations (et ne pas avoir deux rendez-vous importants dans la même journée : Bébé n'apprécierait pas).

Vous pourrez ainsi prévoir toute l'intendance nécessaire si vous voulez, par exemple, planifier une sortie entre copines ou avec l'heureux papa : prévenir les grands-parents ou avertir la baby-sitter, mieux vaut ne pas le faire du jour au lendemain.

Revoir ses priorités

Très vite, vous allez vous rendre compte que maintenant qu'il est là, c'est Mister Baby qui va fixer vos priorités.

Il faut le savoir :

Vous n'arriverez plus

- à tout faire (y êtes-vous jamais arrivée...) ;
- à avoir une maison nickel ;
- à passer vos journées à regarder vos émissions de télé ;
- à mitonner des paupiettes de veau tout en étant hyper-sexy ;
- ...

On va mieux quand on sait cela. Par conséquent, essayez de réfléchir sur le « recentrage » de vos valeurs.

Il vaut mieux... *(cochez les cases qui vous semblent appropriées) :*

- ☐ jouer avec son bébé que jouer avec la Wii ;
- ☐ écouter son bébé gazouiller que télécharger des MP3 ;
- ☐ prendre des photos de son bébé que trier ses clichés non rangés depuis 1988 ;
- ☐ promener son petit ange au soleil plutôt que se promener sous les néons des grands magasins.

Maintenant que vous êtes maman, vous avez des choix à faire. Évidemment, personne ne vous demande de renoncer totalement à vos envies, à vos loisirs, à vos obligations. Mais votre centre d'intérêt se sera certainement déplacé... non plus sur votre petite personne mais sur cette nouvelle petite personne dont vous avez la responsabilité !

C'est sûr, vous en tirerez des satisfactions aussi grandes...

- adoration sans borne pour son minois
- émerveillement devant ses progrès
- tendresse infinie pour son petit corps potelé
- fierté immense devant le fait que c'est VOUS qui avez engendré un pareil génie
- amusement incomparable devant ses pitreries
- ...

Le sac toujours prêt

Très vite, vous allez vous rendre compte que sortir avec un bébé ne se fait pas les mains dans les poches (avec le bébé sous le bras). On peut même dire que chaque fois que vous allez mettre le nez dehors, que ce soit pour aller chercher le pain ou pour partir en week-end, c'est un vrai déménagement. Sur le chemin de la boulangerie, il peut toujours se passer quelque chose. (Un petit vent frais ? Il fallait prévoir un gilet ! Un rototo explosif ? Il fallait prévoir les lingettes !)

Donc, l'idéal est d'avoir toujours un sac prêt à portée de main, afin de parer à toute éventualité.

Le contenant

Léger : c'est le critère numéro un, car vous allez mettre dedans.

Pas trop gros : parce que plus on a de place, plus on en met.

Compartimenté : avec des poches, afin de ne pas devoir tout renverser sur le trottoir pour trouver ce que l'on cherche.

Veillez à ce qu'il puisse s'accrocher à la poussette facilement ou bien qu'il soit facile à transporter, sinon vous vous découragerez très vite de l'emporter.

Le contenu

Le nécessaire de toilette :

- Des couches. Quelques-unes, pas un paquet entier. Pensez à regarnir le sac dès qu'il est vide. Sinon, c'est la galère assurée.
- Des lingettes. Pensez aux paquets plats avec une vraie fermeture et non un simple morceau de Scotch qui ne tiendra pas plus de deux ou trois « ouvertures-fermetures ».
- Des mouchoirs en papier.
- Un petit tapis à langer. Toujours utile.
- Des sachets en plastique, pour jeter toute bombe toxique produite par votre Jolibébé.

La trousse de secours (dès que bébé se déplace tout seul) :

- Un antiseptique
- Des pansements
- Des dosettes de sérum physiologique (à tout faire)
- Du gel à l'arnica
- Des granules d'arnica

Le reste du bazar :

- Un petit biberon
- Un vêtement chaud
- Un jouet
- Un petit quelque chose à grignoter (pour un enfant pourvu de dents, peut toujours faire diversion en cas de gros caprice)

Évidemment, il faudra penser à emporter ledit sac dès que vous sortez. (Avec l'enfant. Pas la peine d'emporter tout le binz pour aller dîner en amoureux. À moins que votre chéri ne bave beaucoup ?)

Savoir déléguer, règle *number* 2 pour ne pas se noyer

Il faut le savoir tout de suite : toute seule, c'est quasi impossible. Ou alors, ça relève de l'acte héroïque.

Dès le départ, vous aurez envie / besoin d'être épaulée pour vous en sortir. Et pour cela, cherchez bien, il y a sûrement plein de monde autour de vous !

Pour pouvoir dormir, garder un peu de temps pour vous occuper de vous, conserver un semblant de vie amoureuse et sociale... il va falloir accepter de déléguer.

Pas la peine de vouloir être une sainte, vous n'avez pas besoin de cela pour qu'on vous trouve formidable (vous avez déjà engendré un être sublime de beauté et d'intelligence, vous êtes suffisamment méritante).

Même si PERSONNE ne s'occupera aussi bien de bébé que vous ! (C'est ce que vous pensez. Ce n'est certainement pas vrai, mais on vous autorise à en rester persuadée.)

Qui peut se charger de cette mission de la plus haute importance ?

Le papa

Naturellement, il est la deuxième personne la plus habilitée à prendre soin de la petite merveille. Il est même un peu hors catégorie tant il paraît évident qu'il va s'occuper du bébé. Sans qu'on le lui demande. Change, bain, biberon... toutes ces tâches que votre père à vous et le sien n'envisageaient peut-être pas de faire eux-mêmes (« c'est un truc de bonne femme ! »). Sans doute sera-t-il un peu hésitant au début (vous l'êtes un peu aussi...), mais il va se révéler un champion de l'habillage / nettoyage / concours de grimaces dont votre bibounet se délecte. Le hic ? Il ne fait pas « comme vous », du coup, vous trouvez qu'il fait « moins bien »...

Essayez de ne pas rester dans son dos pour le surveiller et le submerger de conseils. Ne regardez que le résultat final : un bébé propre, rassasié et souriant, que demander de mieux ?

Votre maman

Évidemment, tout dépend de votre relation avec elle, de la distance qui vous sépare… mais si elle est proche de vous et disponible, vous serez certainement soulagée de pouvoir profiter de ses conseils et de ses heures de temps libre pour vous aider dans vos premières expériences de maman. Attention cependant à bien fixer les règles du jeu dès le départ : c'est VOUS la mère ! C'est cette frontière qui reste souvent la plus difficile à établir. Vous voulez bien de l'aide, mais en aucun cas elle ne doit chercher à prendre votre place… Tous vos rapports seront changés à partir de maintenant : vous êtes désormais dans la position qu'elle occupait jusque-là, vous accédez à son « rang ». Un tournant de vos relations qu'il faut savoir prendre… avec doigté !

Votre papa

Vous ne lui demanderez peut-être pas de donner le biberon ou de changer une couche. (Quoique ! Il s'occupait peut-être déjà de vous bébé, alors…) Mais il sera le premier à vous offrir ses services pour monter les meubles en kit ou repeindre la chambre du bébé. Sans doute se sentira-t-il pousser des ailes… Quand vous étiez vous-même enfant, il ne vous a pas vue grandir : là, il va prendre le temps de regarder éclore votre bibounet !

Votre belle-maman

Là encore, tout dépend du genre de lien qui vous unit… mais plus encore que les mères, les belles-mères cherchent souvent à trouver leur place en se manifestant par un flot de conseils qui peut être difficile à supporter. D'elle, vous acceptez encore moins les critiques et vous vous montrez moins tolérante qu'avec votre propre mère. Du coup, elle vous agace en vous indiquant en permanence ce qu'elle pense « être bon pour l'enfant » ! Néanmoins, elle peut aussi vous être d'un grand soutien : vous serez sûrement ravie de pouvoir compter sur elle un soir pour un dîner en amoureux, ou pour qu'elle vous rapporte des légumes du marché. Essayez de ranger votre fierté dans votre poche : passé les désagréments de ses intrusions, son aide vous sera sans doute précieuse.

Vos frères/sœurs, cousin(e)s… et autres membres de la famille

Plus proches de vous, elles seront sûrement d'un grand secours pour vous aider en cas d'urgence. N'hésitez pas à leur demander du renfort : elles vous offriront leur temps avec générosité. De même, vous serez là quand elles auront besoin de vous…

Les copines

Vous aider ? Elles sont là pour ça ! Faire des courses pour vous en poussant leur Caddie, c'est un service qu'elles vous rendront bien volontiers. Vous rassurer au téléphone en cas de fièvre au milieu de la nuit… elles trouveront ça normal.

Il ne faut donc pas hésiter à leur demander de l'aide. (À moins qu'elles ne soient elles-mêmes tout le temps en train de vous solliciter, ce qui montre qu'elles ne sont pas vraiment disponibles… Trouvez d'autres copines !)

Passez votre diplôme de maman professionnelle !

Vous aimiez que votre intérieur soit toujours propret, coquet et briqué ?

À partir de maintenant, ce sera une autre histoire...

- Votre volume de linge à laver/repasser/ranger va quadrupler (même avec UN SEUL enfant ; imaginez quand vous en aurez deux, trois... ; après, on n'imagine même pas).
- Vos repas seront très simplifiés (vous aurez des coquillettes au jambon à finir).
- Votre déco sera toute chamboulée (avec un énorme Winnie trônant au milieu du salon, des cubes et autres Playmobil semés dans les pièces comme autant de pierres du Petit Poucet).

Si vous ne voulez pas passer votre temps à râler contre l'invasion des monticules de repassage et passer à côté des jolies risettes de PetiteChérie, mieux vaut trouver une organisation béton afin de pouponner tout en vivant dans un environnement (à peu près) correct.

Équipement

Avant, il ne vous serait jamais arrivé de rêvasser devant des appareils électroménagers. Chez Dartmuche, vous passiez plutôt votre temps au rayon des écrans plats ou des fers à lisser dernier cri. Maintenant, vous allez prendre conscience que la vie d'une jeune maman ne peut être possible que si elle possède :

- Un lave-vaisselle
- Un lave-linge
- Un sèche-linge
- Une centrale vapeur à grande autonomie

Évidemment, certaines d'entre vous n'ont peut-être pas les moyens ni la place pour s'équiper ainsi… mais il va sans dire qu'à partir de maintenant vous trouverez beaucoup plus judicieux d'investir dans ces appareils qui vous simplifieront réellement la vie plutôt que dans une nouvelle télé (que, de toutes façons, vous n'aurez pas le temps de regarder, CQFD).

Vous pouvez donc dès maintenant écrire votre liste au Père Noël…

Lessives

Vous allez voir, avec l'arrivée de Bébé, vous allez vous transformer en blanchisseuse. Imaginez un peu : ce cher ange porte quotidiennement un body, un tee-shirt, un pantalon / une jupe, un pyjama, utilise plusieurs bavoirs, se sèche dans une serviette de bain (voire deux). Voilà de quoi augmenter considérablement le volume de votre panier de linge sale. Mais ce n'est pas tout : il faut aussi compter les vêtements de maman ou de papa, sur lesquels il aura généreusement bavé / vomi / craché sa purée de carottes… Vous l'avez compris, vous allez passer pro (êtes-vous sûre d'être très motivée pour passer aux couches lavables ?).

Les premières semaines voire les premiers mois, vous allez sans doute trier le linge de votre héritier et ne pas vouloir le mélanger aux chaussettes sales de son papa. Vous choisirez alors une lessive spéciale, ne contenant pas d'agents irritants, et vous n'utiliserez pas d'assouplissant qui peut déclencher des réactions cutanées sur la peau si délicate de votre Petitbout.

Au bout de quelque temps, vous en aurez assez de multiplier les tris et les lessives, vous finirez par fourrer toutes les affaires dans le même sac (oui, avec vos petites culottes et celles du papa). Avant de vous simplifier ainsi la tâche, faites porter à même la peau de bébé un vêtement lavé avec votre lessive habituelle. Si tout se passe bien… lavez votre linge sale en famille ! Vous pouvez aussi décider d'utiliser de la lessive bébé pour tout le monde. (Mais celle-ci est bien plus chère que les autres. À étudier donc.)

Astuces pour retirer les taches de purée de carottes

Rien n'est plus salissant ! Vos bavoirs s'en souviendront longtemps...

- Autant que possible, évitez les taches ! Utilisez des bavoirs en plastique ou changez Bibou avant le repas (avec un vêtement spécial-purée-de-carottes-qui-tache).
- Si vous en avez la possibilité, exposez le vêtement taché au soleil (idem pour les taches de caca très coloré).
- Lavez la tache tout de suite.
- Versez du liquide vaisselle directement sur la tache.
- Essayez le vinaigre blanc.
- Utilisez du produit détachant avant lavage (malheureusement, les plus chers sont souvent les plus efficaces).
- Ne lui donnez plus de purée de carottes.

Repassage

Vous remercierez tous les jours celui qui a inventé le sèche-linge. Vos serviettes seront d'une douceur inégalée, les vêtements resteront mœlleux (à moins de choisir un programme extra-sec qu'il vaut mieux réserver à d'autres usages).

Pour se simplifier la vie...

- Oubliez les vêtements qui nécessitent un vrai repassage (robe à plis, lin...). En achetant les habits de bébé, pensez que vous allez devoir les laver / plier / ranger des dizaines de fois.
- Au moment de l'étendage, enlevez un maximum de faux plis, placez les vêtements sur cintre en les ayant bien détendus, ce sera d'autant moins de repassage à faire une fois le linge sec.

- Sortez les vêtements du sèche-linge dès que le programme est terminé, tirez un peu sur les manches, posez à plat et effacez les plis, pliez soigneusement. Et hop !
- Certaines repassent les bodys, les chaussettes… croyez-moi, bébé préférera jouer un moment avec sa maman plutôt que d'avoir du linge si bien défroissé !

Ménage

Évidemment, vous voulez que la-prunelle-de-vos-yeux vive dans un univers sain, clean et parfaitement ordonné. Si telle n'était pas votre préoccupation avant sa naissance, vous allez sûrement sentir naître en vous des obsessions de fée du logis tout à fait inhabituelles : comment voir ramper bébé sur ce sol plein de miettes ?

Difficile pourtant de s'adonner à de longues heures de nettoyage quand on a un bébé qui pleure ou, pire, qui reste scotché sur votre jambe…

Quelques points à prendre en considération :

- Vous n'allez sans doute pas passer l'aspirateur au moment (sacré) où bébé dort. Il sera donc éveillé (et actif) pendant que vous utiliserez votre aspi. Tant qu'il est petit, placez-le dans son transat, pas trop loin de vous. À coup sûr, cette étrange machine bruyante va l'intriguer, et il se tiendra (peut-être) tranquille. Quand il est un peu plus grand, installez le dans son parc pour qu'il vous voie quand même en action. Pendant votre ménage, continuez à lui parler, à lui expliquer ce que vous faites (sauf quand votre aspi est à fond, cela va de soi…).
- Concentrez-vous sur les zones où bébé passe du temps : le sol de sa chambre, la salle de bains, l'endroit où il mange… peu importe si vos vitres ne sont pas transparentes, ou si vos rideaux ne sont pas blanc-blanc, ce n'est pas l'essentiel.
- Vérifiez la composition de vos produits ménagers. Peut-être allez-vous vous convertir aux produits naturels (vinaigre blanc, bicarbonate de soude, etc.) ou au bio…

- Enfermez vos produits dans un endroit sûr. Bébé se déplacera très vite à quatre pattes et saura très vite ouvrir les placards.
- Envisagez de vous faire aider si vous le pouvez. Pendant quelque temps après la naissance, mieux vaut profiter des instants de repos du petit ange pour dormir et se refaire une santé plutôt que pour traquer la poussière (qui, malheureusement, finira toujours par revenir).
- Si bébé pleure alors que vous devez finir vos tâches, vous pouvez toujours l'installer dans un porte-bébé ou une écharpe de portage, et continuer à vaquer à vos occupations... (cela n'a qu'un temps, mais ça peut dépanner).
- Quand il sera plus grand, vous pourrez toujours donner au bébé un chiffon et lui demander de vous aider (ça l'occupera !).

Rangements

Vous allez très vite vous rendre compte qu'un bébé, c'est envahissant. Dès le début, vous constaterez que même tout petits, ces vêtements prennent de la place, que les paquets de couches, c'est volumineux, que les petits pots, même rangés en pyramides, finissent par encombrer les placards... Vous allez donc devoir sans cesse trouver des astuces et vous astreindre à RAN-GER !

- Pour les vêtements, tout dépend de vos aménagements. Armoire, tiroirs, paniers... trouvez une organisation pratique (s'il faut monter sur une échelle pour atteindre une étagère, à coup sûr, rien ne sera rangé) pour que les affaires de bébé soient accessibles.
- Les vêtements de « dessous » peuvent être pliés. Les vêtements de « dessus » se porteront mieux s'ils sont suspendus sur un cintre (d'autant mieux si vous ne les repassez pas vraiment...).
- Prévoyez dès le départ des rangements pour les jouets : même si dans les premiers temps, bébé n'a pas grand-chose, vous allez très vite vous rendre compte que les Playmobil ou les Duplo ont une fâcheuse tendance à se multiplier comme des petits pains.

- On ne sait pas bien comment, mais les fameux petits joujoux, à qui l'on a pourtant bien appris à rester sagement dans la chambre, finissent toujours par arriver dans le salon, la cuisine, la salle de bains... Dans chaque pièce, regroupez-les, et une fois par jour (de préférence quand l'enfant est couché), rapatriez tout ce petit monde sur son territoire. Pourquoi ne pas suspendre un petit hamac dans la chambre : les peluches y dormiront gentiment (sans joncher le sol et prendre la poussière).
- Pensez aux boîtes en plastique qui peuvent se superposer : on retrouve toujours des bras ou des jambes de poupée isolés, des pièces de puzzle orphelines, des voitures abandonnées... si vous rangez tous les jouets du même type ensemble, ces petits morceaux auront plus vite fait de retrouver leur famille !

Repas

La première année après la naissance de bébé ne restera sans doute pas dans les annales culinaires (à moins d'avoir un chef à la maison !). Vous verrez que faire les courses avec un bébé n'est pas forcément une partie de plaisir, surveiller une sauce et un apprenti marcheur est assez incompatible, et que, une fois l'enfant endormi, vous aurez plus envie d'aller vous coucher que de lancer la cuisson d'un soufflé.

N'empêche que, pour ne pas vous contenter de manger des purées de légumes verdâtres (vous en préparez pour lui, vous en mangez aussi), il faut avoir un minimum d'organisation.

- Pour faire les courses, la meilleure solution : faites garder bébé ! Difficile de ne pas oublier quelque chose en promenant un gnome hurleur dans les rayons. Pas facile de ranger les paquets quand on en a un qui gigote sur les bras...
- Devenez pro de la liste : enceinte, vous n'aviez plus beaucoup de neurones (!) ; maintenant, ils ne sont pas tous revenus... Pour ne rien oublier (et ne pas être obligée de retourner au magasin), établissez une liste très précise de ce qu'il vous faut. Et ne l'oubliez pas à la maison !

- Prévoyez vos menus à l'avance : vous n'errerez pas dans les rayons à la recherche de l'inspiration.
- Cuisinez en grosse quantité et congelez. Vous serez ravie quand vous devrez improviser un dîner après avoir passé tout l'après-midi chez le pédiatre.
- N'hésitez pas à vous faire livrer : les packs d'eau, de lait, de couches... sont très lourds et volumineux. C'est tellement agréable quand on les dépose directement dans votre cuisine ! (Étudiez de près les offres de certaines boutiques en ligne qui proposent des frais de livraison gratuits pendant 9 mois pour les futures et jeunes mamans.)

Notes

Acte 4

Elle n'est pas bonne, ma soupe ?

« Une bouchée pour maman, une bouchée pour papa…
Comment ça tu ne veux pas manger de compote de pomme ?
C'est bon, la compote de pommes ! Regarde maman,
elle adore la compote de pommes ! »
Jolie Poupée vient de fêter ses 5 mois.
Allaitée jusque-là, elle a du mal à accepter la cuillère, cet
étrange instrument que maman veut absolument lui fourrer
dans la bouche… C'est froid et dur, alors que
les seins de maman étaient si doux !
Comment faire ?

Vous dans votre rôle de maman

Maman 1 « *Je suis cool.* »

Si elle ne veut pas passer à la cuillère, on ne va pas la forcer ! Elle finira bien par y venir : on n'a jamais vu d'enfant de 2 ans refuser tout autre nourriture que le lait maternel. Vous comptiez arrêter d'allaiter, mais comme Poupounette a l'air contrarié, vous allez sans doute repartir pour un petit tour...

➔ Ne pas brusquer l'enfant, c'est une bonne chose. Si vous avez l'envie et la possibilité d'allaiter autant que vous voulez, profitez-en ! Vous pouvez reporter de quelques semaines le début de la diversification. Cependant, à un moment où un autre, il faudra bien commencer à introduire les fruits, les légumes et autres protéines dans son alimentation. Commencez par de toutes petites doses, pour l'apprivoiser !

Maman 2 « *Je fais tout comme il faut.* »

Le pédiatre a dit : « Il faut commencer par donner de la compote ou de la purée de légumes. » Alors, vous avez commencé. Le pédiatre a dit : « Ajoutez les légumes dans le biberon de lait. » Alors vous donnez à votre Bibou une mixture lactée qu'il n'a pas l'air d'apprécier. Mais bon, il faut bien s'habituer aux nourritures variées !!!

➔ Suivre les conseils du pédiatre, c'est bien. Mais suivre votre instinct, ce n'est pas mal non plus ! Si la petite cuillère effraie un peu votre Loulou, laissez-le jouer avec elle pendant quelques jours. Dès qu'il l'aura acceptée, vous aurez plus de chance de l'utiliser facilement !

Maman 3 « *Je stresse.* »

« Hey Doudou, arrête de te jeter comme ça sur la compote ! Tu vas grossir !!! Le docteur a dit : "3 cuillerées à café pour commencer..." Tu ne vas pas manger tout le petit pot d'un seul coup !!! » En fait, dès le berceau, vous voulez enseigner à votre fille les rudiments de la diététique...

➔ Respecter les principes d'une alimentation saine et variée pour que bébé soit en pleine forme, c'est bien ! Vouloir le mettre au régime à

6 mois, c'est exagéré ! Comme dans tous les domaines, trouver le juste milieu est la meilleure attitude qui soit. Surveillez la courbe de poids de votre enfant et écoutez les conseils de votre médecin : tout ira bien !

J'allaite

Bienfaits pour l'enfant (moins de maladies infectieuses, moins d'allergies...), bienfaits pour la mère (diminution des risques de cancer du sein à la ménopause par exemple), bienfaits pour la relation mère/enfant... l'allaitement, choisi par 50 % des Françaises, semble être la panacée.

Bien sûr, il faut ajouter que la nourriture de votre enfant est toujours prête à l'emploi, à température, sans ustensiles à emporter ni à nettoyer.

Pourtant, beaucoup de jeunes mamans qui ont tenté l'allaitement cessent très rapidement, frustrées et sceptiques à propos de leur expérience.

Rien ne paraît plus simple ni plus naturel que de donner le sein à son enfant. Pourtant, il faut parfois du courage et souvent de la persévérance pour y parvenir.

Voici les règles de base à respecter pour réussir cette aventure.

Règle numéro 1 : Allaiter à la demande

De quoi s'agit-il ?

Le bébé tète quand il veut, autant de fois qu'il veut, aussi longtemps qu'il veut. Il s'arrête dès qu'il n'en a plus besoin.

Parfois, le fait d'être entièrement disponible pour son enfant, d'être à la merci de cette bouche vorace, peut sembler contraignant. Cette « soumission » aux besoins du bébé est surtout mal vécue la nuit, quand le besoin de sommeil réparateur est vital pour la mère.

Une fois le cap des nuits complètes passé, dès qu'un rythme régulier est trouvé, l'allaitement à la demande paraît plus facile.

Bien

En étant pris quand il le souhaite, bébé voit sa faim rassasiée et obtient en plus du réconfort. Pour lui, c'est rassurant.

Moins bien

Avec le sein, on ne voit pas quelle ration le bébé a prise. Le bon sens seul peut vous renseigner : s'il s'endort, repu, c'est bon signe. Il peut également prendre moins que d'habitude et réclamer très vite ensuite. Rapidement, ces changements de rythme se régularisent.

Règle numéro 2 : Allaiter dans la bonne position

La clé pour un allaitement réussi est la bonne position du bébé.

Au début, il faut être détendue et confortablement installée. Bébé doit avoir son ventre contre le ventre de sa mère, le visage face au sein (il ne doit pas avoir à tourner la tête pour attraper l'aréole du sein). Le simple contact du mamelon aux alentours de la bouche déclenche des mouvements de la tête du bébé qui se met à chercher activement le sein en ouvrant la bouche. Quand celle-ci est grande ouverte, la langue tirée, le bébé pourra prendre la plus large portion possible de l'aréole (il ne doit pas sucer le bout du mamelon).

Les lèvres du bébé sont retroussées, sa langue recouvre ses gencives inférieures et masse le dessous de l'aréole. Son nez et son menton sont en contact avec le sein : il est inutile de vouloir dégager le nez du bébé en appuyant sur le sein, le bébé ne risque pas de s'étouffer en tétant.

Pour varier les plaisirs, 3 positions agréables :

- Assise. Mettez la tête de votre bébé au creux de votre bras, sous lequel vous pouvez placer un ou deux coussins.
- Allongée sur le côté. Calez-vous confortablement avec des coussins. Repliez légèrement vos jambes. Couchez bébé contre vous, ventre contre ventre, son nez à la hauteur de votre mamelon.
- Position « par-dessus ». Assise en tailleur ou les jambes allongées, bébé est étendu sur vos jambes. Penchée sur lui, votre sein est à l'aplomb de sa bouche.

Règle numéro 3 : Ne pas céder à la tentation du biberon

Téter au sein ou au biberon est totalement différent pour un bébé. Plus facile, la tétine ne nécessite pas une succion prononcée et la langue se positionne différemment qu'au sein.

Quand bébé est allaité, il n'a logiquement pas besoin de compléments (eau, jus de fruits, lait artificiel...). En lui donnant régulièrement un biberon, il risque de perdre les pédales et préférer très rapidement la facilité de la tétine.

Règle numéro 4 : Mettre toutes les chances de son côté

Pendant 9 mois, vous avez joué à l'usine à bébé. Maintenant, vous devez fournir du carburant à votre belle machine. Eh bien, pour pouvoir puiser toutes ces ressources en vous, il faut entretenir votre propre mécanique.

- *Boire beaucoup* : au moment où bébé tétera, vous aurez l'impression de vous tarir, comme s'il vous pompait directement dans le sang. Ayez une bouteille d'eau à côté de vous et testez cette sensation des vases communicants : vous aurez l'impression que l'eau va directement de votre bouche à la sienne, en passant par votre sein.

- *Manger équilibré* : vous avez été raisonnable pendant 9 mois, en surveillant votre alimentation pour qu'elle soit riche en calcium, en protéines et en fibres. Eh bien, continuez !

Ce que vous mangez donnera du goût à votre lait. Traditionnellement, on déconseille les asperges et autres aliments au caractère très marqué. Si vous aimez vraiment ça, pas de raison de vous en priver : mangez-en en petites quantités, c'est tout !

Limitez pruneaux et tout autre aliment laxatif qui peut donner la colique au petit.

Bien entendu, ne buvez pas d'alcool, ne prenez pas de médicaments sans demander l'avis de votre médecin, etc.

Au fait, pas besoin de boire de grandes quantités de lait pour faire monter le vôtre, cela ne sert à rien !

Cela peut arriver

PROBLÈME : LES CREVASSES

- *Causes* : elles sont dues à une mauvaise position du mamelon dans la bouche du bébé. Au lieu d'être largement « gobé », le téton est soumis au frottement de la langue et du palais.
- *Solution* : pour soulager les seins, appliquez une crème cicatrisante que le pharmacien vous donnera. Laissez sécher les seins à l'air le plus souvent possible. Vous pouvez également utiliser des « téterelles » en plastique, mais celles-ci peuvent perturber l'enfant.

PROBLÈME : L'ENGORGEMENT

- *Causes* : vous devez vous absenter, l'heure de la tétée approche, vous voulez commencer le sevrage... autant de raisons qui font que vos seins sont pleins et qu'il va bien falloir les vider !

- ***Solution* :** vous pouvez donner le sein plus souvent ou utiliser un tire-lait pour vider le « trop plein ». Une douche chaude sur les seins soulage efficacement.

PROBLÈME : L'ABCÈS **(très rare)**

- ***Cause* :** c'est une infection microbienne, par staphylocoques, qui donne de la fièvre, des ganglions.
- ***Solution* :** il faut cesser l'allaitement et consulter votre médecin. La prise d'antibiotiques peut être efficace.

La mère est la seule véritable spécialiste de son bébé. C'est elle qui, au fil des jours, dans l'intimité de son corps, connaît le mieux les besoins de son nourrisson.

Pensez à l'homéopathie qui propose de nombreux remèdes pour favoriser la montée de lait ou limiter les problèmes causés par l'allaitement.

Je donne le biberon

Décidément, pour vous, la solution idéale, c'est le biberon. L'allaitement ne vous tente pas, vous avez envie que le papa puisse nourrir le petit, vous allez devoir très vite reprendre le travail… autant de raisons qui vous ont fait choisir le lait industriel.

Tout de suite, à la maternité, vous devez faire savoir que vous ne souhaitez pas allaiter : on vous donnera un comprimé qui inhibe la montée laiteuse. Plus tôt vous le prendrez, plus il sera efficace.

C'est quoi cette bouteille de lait ?

Ce n'est sûrement pas celle que vous utilisez pour votre café du matin. Le lait pour bébé est en fait du lait de vache qui a été modifié pour s'adapter aux besoins et aux spécificités de l'enfant. La fabrication de ce lait est très réglementée (contrôles bactériologiques et composition particulière) comme tout ce qui touche à l'alimentation infantile, d'ailleurs.

Lait infantile :

- de protéines (les reins de bébé sont fragiles et on soupçonne les protéines d'être à l'origine de l'obésité)

+ de graisses « essentielles » (insaturées)

+ de lactose (sucre naturel du lait)

+ de vitamines, fer, calcium...

Quel lait pour quel âge ?

En général, c'est votre pédiatre qui vous conseillera le lait le mieux adapté à votre enfant : un lait classique, un lait épaissi anti-régurgitations, un lait pour enfant allergique, etc.

Quelle que soit la marque, le lait s'adapte selon l'âge de l'enfant :

- ***De 0 à 4 mois :*** lait 1er âge
- ***De 5 mois à 10/12 mois :*** lait 2e âge (lait de suite, lait de transition)
- ***De 10/12 mois à 3 ans :*** lait de croissance

Dans tous les cas, pour les laits en poudre, le plus important est le bon dosage.

1 dose = 30 ml d'eau

Trop de poudre = un lait trop épais, difficile à avaler, pouvant provoquer une constipation.

Pas assez de poudre = un lait trop peu nourrissant.

Osons le dire !

Face aux offensives des services de publicité et de marketing des grandes marques de lait, vous allez sûrement être influencée par toutes les astuces publicitaires : « enrichi en… », «pour stimuler ceci, pour diminuer cela », etc. Attention, certaines innovations se payent très cher : pesez bien la différence entre le « plus produit » et le « plus prix ».

Petits conseils en vrac

- Mieux vaut ne pas changer de lait sans avis médical, sur un coup de tête, ou « pour essayer autre chose ». Bébé prend vite ses habitudes et mieux vaut ne pas trop le perturber.
- Si vous constatez que le lait ne convient pas à votre bibou (trop vite digéré, coliques, régurgitations, allergies) parlez-en à votre pédiatre.
- Le lait reste la base de l'alimentation de l'enfant pendant au moins un an. De 0 à 4 mois, c'est son unique aliment. À partir de 5 mois commence la diversification pour se poursuivre, à partir de 9 mois, vers une alimentation encore plus variée.
- Ne décidez pas de vous-même de donner du lait de vache à votre bébé avant qu'il ait 9 mois : pauvre en fer, le lait de vache peut entraîner des carences. Ensuite, c'est à vous de voir si vous préférez vous laisser convaincre par les arguments marketing du lait de croissance ou pas (il est recommandé de ne donner du lait de vache qu'à partir de 3 ans).

Dilemme

Les générations précédentes ont bu du lait de vache tout simple et s'en sont très bien portées.

Puisque le lait de croissance existe aujourd'hui, pourquoi ne pas en faire profiter mon enfant ?

Le biberon

- ***La tétine :*** à choisir selon l'âge. Silicone ou latex : à vous de voir, mais il faut savoir que le latex a un goût assez prononcé. Le silicone est plutôt recommandé pour les bébés dont la succion est rapide.
- ***Le capuchon :*** indispensable pour emmener le biberon. Plus tard, le capuchon devient un jouet extraordinaire qui permet de comprendre le concept du « ouvert/fermé », très instructif.
- ***L'opercule de fermeture :*** le compagnon idéal du capuchon. Indispensable pour ne pas inonder le sac.
- ***La bague de vissage :*** en la desserrant un peu, l'air peut circuler et permettre au lait de couler plus facilement.
- ***Le corps du biberon :*** verre ou plastique ? En général, on commence par le verre, qui résiste mieux à la stérilisation, et on passe au plastique quand bébé tient le biberon tout seul. Il existe différentes formes (courbées, arrondies, etc.). Pensez également à la facilité du nettoyage : il faut pouvoir entrer et ressortir le goupillon sans difficultés et pouvoir rentrer les biberons dans le stérilisateur.
- ***Le goupillon :*** accessoire indispensable pour le nettoyage.
- ***Le goupillon pour tétine :*** très pratique pour une hygiène parfaite.

Il existe des biberons inclinés à 30°, grâce auxquels la position du bras est plus confortable, et la tétine, toujours pleine. Cela limite l'ingestion d'air (et donc les gaz et ballonnements).

Jusqu'à 4 mois, vous pourrez utiliser des biberons de 240 ml (prévoyez-en 7). Ensuite, il faudra passer à ceux d'une contenance de 340 ml (3 ou 4 pourront suffire).

Les biberons de 150 ml vous serviront pour donner de l'eau ou du jus de fruit.

Les micro-biberons de 40 ml peuvent être utiles pour donner des médicaments ou des vitamines.

Accessoires encombrants, mais parfois très utiles :

- La boîte doseuse qui permet de préparer les doses de lait à l'avance.
- Le sac isotherme qui permet de transporter de l'eau chaude afin de préparer un biberon en promenade (mélanger au lait au dernier moment).

Cours élémentaire pour bien laver un biberon

Le cours que vous allez suivre maintenant vous sera utile dès le début de votre carrière de jeune maman. Bien sûr, il sera très facilement assimilé et vous le mettrez si souvent en application qu'il vous semblera très vite totalement obsolète.

1. Rincez le biberon à l'eau froide (pour ne pas faire « cuire » le lait et éviter qu'il ne coagule).
2. Dans de l'eau chaude savonneuse, placez toutes les pièces du biberon (le corps, la tétine sortie de la bague de vissage et retournée, la bague de vissage et l'opercule de fermeture s'il a été en contact avec le lait).

3. Frottez toutes les pièces avec le goupillon.

4. Rincez longuement à l'eau tiède.

5. Égouttez (sur un égouttoir à biberon, très hygiénique).

6. Placez dans le stérilisateur.

Stérilisation des biberons : l'éternelle question

- *Ce qu'en pense votre mère :*

« Tu dois stériliser les biberons. Avec tous ces microbes qui prolifèrent... te rends-tu compte que tu risques d'empoisonner ton enfant ? »

- *Ce qu'en pense Marie, mère au foyer, trois enfants :*

« Pour Paul, j'ai scrupuleusement stérilisé tous les biberons, les tétines tombées à terre, les jouets ayant traîné sur le tapis. Pour Julie, née deux ans plus tard, j'ai passé les biberons au lave-vaisselle, puis pour Noé, l'année suivante, j'ai juste lavé à l'eau chaude.»

- *Qui a raison ?*

Mamie est sans doute un peu dans l'excès, les risques se limitent à des désagréments digestifs.

Marie a déculpabilisé au fil du temps : pour un premier enfant, on veut un environnement hyper protecteur, on fait tous les sacrifices, on a peur de tout (et surtout des vilains microbes). Pour les enfants suivants, on est plus fataliste, on sait que le rhume de l'un passera FOR-CÉ-MENT au second...

Néanmoins, la stérilisation des biberons n'est pas qu'une question de maman hyper hygiéniste. Il est reconnu que le lait est un bouillon de culture et qu'il vaut mieux éviter l'attaque des bactéries à un appareil digestif encore immature. Les pédiatres recommandent généralement de stériliser les biberons jusqu'au moment où bébé porte tout à la bouche, environ vers 3 ou 4 mois. Vous allez donc sûrement suivre les conseils du vôtre.

Plusieurs méthodes s'offrent à vous, et vous aurez à choisir selon votre mode de vie, le temps dont vous disposez et vos moyens.

	Stérilisateur électrique	**Stérilisateur au micro-ondes**	**Stérilisation à froid**
Appareil	Une sorte de cuit-vapeur, un peu encombrant.	Une boîte dans laquelle on met de l'eau et qui la transforme en vapeur.	Des pastilles effervescentes à plonger dans de l'eau.
Avantages	Rapidité (de 10 à 20 minutes). Grande contenance (6 biberons et accessoires).	Rapidité (en 10 minutes environ).	Pratique pour stériliser n'importe où, hors de la maison.
Inconvénients	Nécessite la proximité d'une prise de courant. Doit être détartré fréquemment.	La contenance n'est pas très importante (4 biberons).	La durée : de 30 à 90 minutes. Le goût de chlore laissé sur les tétines qu'il faut longuement rincer. La nécessité de trouver un récipient adapté.

Attention !

Le plus souvent, le stérilisateur est livré avec un lot de biberons. Assurez-vous que des biberons d'une autre marque peuvent être utilisés, sinon vous serez condamnée à être fidèle à un fabricant.

Solution de dépannage : En week-end chez des amis, en vacances chez la grand-mère, ne vous sentez pas obligée de transporter votre stérilisateur : une cocotte-minute peut très bien faire l'affaire. Placez-y les biberons et les accessoires bien lavés et comptez 10 minutes à partir du moment où la vapeur fait tourner la buse. Et si vos amis n'ont pas de cocotte-minute, pas de panique. Une grande casserole d'eau bouillante peut dépanner : faites bouillir les corps des biberons pendant 25 minutes puis ajoutez les tétines pendant 5 minutes.

Rots et Compagnie : « On apprendra la politesse plus tard... »

Vous aurez tout le temps de parfaire son éducation plus tard. Pour l'instant, Bébé va produire tout type de « vents » plus ou moins élégants...

Le rot

Certains bébés ont des renvois dignes d'un estomac adulte mâle et mal élevé. D'autres ont un petit hoquet chantant. D'autres encore ont des rots silencieux mais aspergent votre épaule d'un reflux laiteux... en somme, chacun rote comme il peut !

En buvant le biberon ou, dans une moindre mesure, en prenant le sein, les bébés avalent de l'air. Cela peut les gêner ensuite, et cet air est évacué pendant ou après la tétée. Pourtant, le rot n'est pas obligatoire ! S'il ne vient pas, rien ne sert de s'acharner, l'enfant ne sera pas gêné.

Après la tétée, redressez votre bébé et placez-le contre vous, sa tête sur votre épaule. Massez-le doucement dans le dos (pas besoin de le secouer, ni de le taper vigoureusement). Si rien ne vient au bout de dix minutes, couchez-le sans soucis.

Le hoquet

Il y a des enfants plus sujets au hoquet que d'autres. Bien souvent, vous le saurez pendant votre grossesse quand bébé sera pris de sursauts frénétiques. Parfois, la tétée peut déclencher le hoquet et cela peut paraître impressionnant de voir un tout-petit aussi secoué. Ne vous en faites pas : le hoquet vous dérange plus que lui. Bébé n'est en général pas incommodé par ces sursauts et il suffit de lui proposer à boire pour que le phénomène se passe.

On peut coucher un enfant pris de hoquet.

Les régurgitations

Elles sont à l'origine de bien des inquiétudes chez les mamans. Elles peuvent en effet être problématiques, selon leur intensité.

S'il s'agit d'un petit renvoi de lait, au moment du rot ou un peu après, pas de souci. Bébé a peut-être un peu trop mangé et se débarrasse d'un petit excès de nourriture.

En revanche, si ces renvois se produisent régulièrement, à distance des repas, il s'agit d'un phénomène de reflux dû, le plus souvent, à l'immaturité du système digestif (le clapet qui ferme le haut de l'estomac n'étant pas bien fini).

L'avis du spécialiste

Le plus souvent, tout rentre dans l'ordre autour d'un an, mais il convient de consulter un médecin et de prendre des précautions en attendant pour éviter des désagréments au bout de chou. Un lait épaissi, incliner le lit afin que la tête soit surélevée, un antispasmodique peuvent être des solutions efficaces.

Si les régurgitations sont très importantes, proches des vomissements, il s'agit peut-être d'une malformation congénitale, appelée sténose du pylore, qui implique une intervention chirurgicale.

Fruits, légumes et céréales : vive la diversification !

À partir du 5e mois, le système digestif de bébé est plus mature et Junior va avoir le droit de goûter à des tas de nouveautés.

Attention ! Diversification ne signifie pas passage à une alimentation adulte ! Rangez-moi tout de suite cette assiette de frites !

Si le lait reste la base de son alimentation, de nouveaux aliments vont entrer progressivement dans son menu afin de lui apporter tout ce dont il a besoin pour grandir.

Cet apprentissage a pour but de développer son goût mais aussi de lui donner dès le départ de bonnes habitudes alimentaires.

Comment ça se passe ?

C'est le médecin qui vous dira quand et par quoi commencer. Le poids de l'enfant est alors pris en compte : un enfant bien portant prendra des légumes (pauvres en calories) plus tôt qu'un enfant qui aura besoin de « profiter » du lait plus longtemps. De nos jours, on a tendance à repousser un peu le début de la diversification (autour du 5e mois au lieu du 4e) pour éviter le risque d'allergies qu'entraînerait une introduction trop rapide des aliments.

Dès 5 mois	Céréales infantiles Quelques cuillerées dans le biberon du matin.	Parce que bébé dépense plus d'énergie. Apportent des sucres lents, mais aussi des vitamines et du fer.
	Fruits Compotes, fruits cuits, jus ... Quelques cuillerées pour commencer, puis la valeur d'un petit pot.	Apportent des fibres (pour le transit intestinal), des vitamines.
	Légumes Purées de carottes, de haricots verts, pommes de terre, etc. On peut les ajouter au biberon du soir pour commencer.	Sources de fibres et de vitamines.
De 6 à 9 mois	Viandes Bœuf, veau, poulet, jambon, etc. (tout sauf les abats).	Sources de protéines.
	Poissons Poissons maigres ou gras : colin, sole, cabillaud, saumon, etc.	Sources de protéines.
	Œufs On commence par la moitié du jaune (le blanc peut être donné à partir de 9 mois).	Apportent des protéines.
	Petites pâtes, semoule.	Apportent des glucides lents.
	Laitages (spécial bébé, de préférence).	Sources de calcium, de protéines et de vitamines.
	Matières grasses (beurre, huile, crème fraîche).	Vitamines et acides gras.

De 9 à 12 mois	Fromages (pas au lait cru), pâtes molles ou dures (râpées).	Sources de calcium, de protéines, de vitamines.
	Fruits et légumes crus.	Vitamines et fibres.
	Pain, biscuits peu sucrés.	Apportent des glucides lents, des vitamines.

Attention!

Certains aliments sont formellement interdits aux enfants ou ne peuvent être introduits qu'à un certain âge :

- Pas de blanc d'œuf avant 1 an.
- Corn flakes, poissons en conserve, friture, riz : à partir de 18 mois.
- Fruits secs, dattes, figues, pruneaux, carrés de chocolat, sodas : à partir de 24 mois.
- Fromages au lait cru, charcuterie, œufs à la coque : à partir de 3 ans.
- Cacahuètes, noix, noisette : à partir de 4 ans.

Petits conseils entre amies

- Essayez de faire cuire vos légumes à la vapeur : les vitamines seront mieux préservées.
- N'hésitez pas à utiliser des purées en galets surgelés, délicieuses et si rapides.
- Ne finissez pas l'assiette de bébé : vous ne perdrez jamais vos kilos rebelles !

Anna, 28 ans, ingénieur informatique :

« Je culpabilise toujours beaucoup car je donne pas mal d'aliments industriels à ma fille. Suis-je une bonne mère ? »

Anna fait comme la majorité des mamans : elle profite de l'avancée de l'industrie en matière d'alimentation pour les enfants. Bien sûr, tous les produits sont rigoureusement contrôlés et sont parfaitement sains. Le seul problème... c'est l'ennui ! Malgré les efforts, toutes les textures se ressemblent et les goûts sont peu marqués. Alors, essayez d'alterner entre les produits tout faits et les aliments maison, pour que bébé découvre la palette de goûts la plus large sans que maman perde trop de temps.

Julie, 33 ans, agent administratif :

« Un jour, j'avais préparé une délicieuse purée de légumes, mixée avec amour, en ayant ajouté un peu de beurre et une pincée de fromage râpé. Paul en a mangé deux cuillerées. Puis a refusé d'ouvrir la bouche. Je lui aurais flanqué l'assiette sur la tête ! »

Ah, ma pauvre Julie ! Vous venez de faire l'expérience de l'ingratitude des enfants ! Pas de problème. En cas de récidive, goûtez la purée devant Paul en ayant l'air de trouver ça très bon. Intrigué, il fera sûrement un nouvel essai !

Notes

Acte 5

Tu vas dormir, oui ?

L'idéal, ce serait qu'il dorme environ 10 heures d'affilée, dans sa chambre, sans jamais appeler et ce, dès la sortie de la maternité. Pas vrai ? Le problème, c'est que le bébé idéal, c'est comme la mère idéale. Ça n'existe pas.

Comment ça, vous êtes déçue ?

Là, il est 4 heures du matin,
vous venez à peine de vous rendormir et Bébé Joli,
2 mois et demi, réclame encore le sein...
quand cela va-t-il s'arrêter ?
Et vous, comment allez-vous faire ?

Vous dans votre rôle de maman

Maman 1 « *Je dors quand même.* »

En fait, bébé ne vous réveille pas vraiment : comme il dort dans votre lit, vous lui donnez le sein dès qu'il ouvre un œil. Avec cette méthode, vous continuez votre nuit tout en le nourrissant ! C'est sûr, votre homme est effrayé à l'idée de rouler sur le Petitbout pendant son sommeil : du coup, il dort au bord du lit et n'ose pas bouger le petit doigt.

➲ L'allaitement à la demande nécessite, en effet, au moins une tétée par nuit pendant les premiers mois de vie. Pour certaines mamans, c'est plus facile d'avoir bébé sous la main pour lui donner le sein ! Toutefois, ce réveil nocturne sera bientôt un souvenir lointain : assez vite, le bébé est capable de tenir environ 10 heures sans manger.

Maman 2 « *Je m'organise.* »

Heureusement que le papa prend le relais pour le biberon nocturne ! C'est une bonne répartition des tâches : toute la journée, maman fait ce qu'elle peut pour s'occuper de tout, mais la nuit, épuisée, elle laisse volontiers papa s'occuper du bébé en attendant qu'il « fasse ses nuits ».

➲ Voilà une maman chanceuse ! Souvent les mères sont « branchées » sur le sommeil de bébé et se réveillent au moindre gémissement. Si le papa accepte cette organisation qui le sollicite la nuit, tant mieux ! Ces parents savent que de toute façon, bébé finira bien par ne plus se réveiller et bientôt tout le monde dormira normalement.

Maman 3 « *Je n'en peux plus.* »

Toutes les nuits, c'est pareil ! Bibou se réveille, maman lui donne à manger, il se rendort... mais pas elle !!! Forcément, les « nuits » de bébé deviennent une obsession. D'ailleurs, elle consulte déjà son pédiatre pour lui en parler.

➲ Pendant les premiers mois de sa vie, bébé passe plus de temps dans les bras de Morphée que dans les vôtres. Très vite, vous allez comprendre que quand il dort, vous pouvez dormir vous aussi. Vous allez pratiquer ce que l'on appelle « l'entraînement cosmonaute » : s'endormir en quelques secondes, n'importe où, n'importe quand. C'est pour cela qu'en maman prévenante (et fatiguée), vous allez tout faire pour préserver le sommeil de votre petit chéri.

Les accessoires du sommeil

Le choix du lit de bébé va vous demander une attention particulière. Contrairement aux accessoires qui ne serviront que quelques mois, le lit va devoir « faire de l'usage ». C'est un gros meuble, que vous allez avoir sous les yeux pendant longtemps : mieux vaut le choisir selon vos goûts. À côté de ça, il doit répondre à de nombreuses normes de sécurité... alors, si ce lit de princesse vous fait craquer, pensez donc à votre fille emberlificotée dans les kilomètres de tulle qui pendent du plafond...

Le berceau du nouveau-né

Même s'il est adapté à la taille d'un tout-petit, un lit à barreaux vous paraîtra trop grand pour votre nouveau-né. Vous aurez sans doute envie de le coucher dans un couffin ou autre panier, aux bords plus étroits, pour qu'il ne sente pas perdu.

Les premières semaines, vous utiliserez donc sans doute un couffin ou un moïse (de 0 à 3 mois), un berceau ou la nacelle d'un landau (de 0 à 6 mois). Dans cet espace plus réduit, le bébé se sentira protégé comme dans un cocon, presque comme dans le ventre de sa mère.

S'il doit être douillet, ce premier espace de sommeil doit répondre à des consignes de sécurité très strictes.

Il est des familles où un même berceau a accueilli plusieurs générations de bébés : si vous héritez de celui où vous avez vous-même dormi, soyez très vigilante sur sa sécurité. Sans vexer maman ou belle-maman, soyez ferme et reniez la tradition si l'objet ne correspond plus aux normes actuelles.

Quels sont les points à vérifier pour la sécurité ?

Le couffin ou le moïse doivent avoir :

- un fond plat et solide ;
- des parois en osier lisse, d'une profondeur d'au moins 20 cm de haut ;
- des anses résistantes, mesurant moins de 30 cm.

Il doit être posé par terre et la garniture doit être d'un entretien facile et solidement attachée aux parois. Le matelas, ferme, doit correspondre exactement aux dimensions du fond. Le couffin ne peut pas être utilisé comme lit-auto.

Le berceau doit avoir :

- un fond plat et solide ;
- des montants d'au moins 20 cm de haut ;
- des barreaux dont l'espacement est inférieur à 7 cm ;
- des roulettes bloquantes ;
- un espace inférieur à 1 cm entre le matelas et les parois.

Le lit à barreaux :

Au bout de quelques mois, vous placerez bébé dans son petit lit à barreaux. Avant de l'acheter, vérifiez les points suivants :

- les panneaux ont une hauteur minimum de 60 cm ;
- l'écartement des barreaux mesure entre 4,5 et 6,5 cm. Ils doivent être verticaux et ne permettre en aucun cas que le bébé puisse y passer la tête ;
- le matelas correspond exactement aux dimensions du lit.

Les options :

- panneau latéral coulissant (très pratique pour prendre bébé sans se plier en deux) ;

- hauteur du sommier modulable (pour le nourrisson qui ne bouge pas, on utilise la position haute, mais on baisse le matelas dès que bébé peut s'accrocher aux barreaux) ;
- les roulettes, avec blocage de sécurité (pour déplacer facilement le lit).

Soyez également vigilante sur les points suivants :

- L'entretien du lit doit être facile.
- Si vous repeignez le lit, évitez la peinture à base de plomb car les enfants en période de poussée dentaire ont la géniale idée de ronger les barreaux.

Ce lit à barreaux accueillera votre petit jusqu'à ses 2 ans et demi voire 3 ans. Ensuite, vous passerez au lit d'une place traditionnel ou au lit Junior (attention, cette taille de lit implique d'acheter des draps spécifiques, peu courants et donc assez chers). Bien souvent, on utilise une barrière de lit, amovible, qui rassure parents et enfant car elle offre une protection contre les chutes.

Le lit pliant :

En week-end, en voyage, ou lors de tout déplacement, les lits pliants sont très utiles. Également appelés « lits parapluie », ils doivent répondre à plusieurs critères.

- **Le poids :** surtout, choisissez-le léger. Rien de plus affreux que de partir pour un week-end, chargés comme des mulets : arrivés chez les amis/grands-parents/cousins/etc., vous devez déjà sortir votre sac (contenant vos affaires et celles de votre conjoint), les « x » sacs de votre enfant (un pour les jouets, un pour les vêtements, un pour le matériel) et son lit, cet énorme sac de sport qui vous remuscle les bras en un week-end.
- **La facilité de pliage/dépliage** : testez-le avant de l'acheter, même si la vendeuse vous jette un regard courroucé (mais oui, je vous crois mademoiselle, ce lit se plie facilement. Mais je veux QUAND MÊME l'essayer).

En effet, rien de plus agaçant que de s'exciter sur un lit qui ne veut pas s'ouvrir alors que Bibou pleure en se frottant les yeux et manque de s'endormir sur le tapis...

Privilégiez les lits ayant des côtés en filet : bébé peut mieux respirer et il voit ce qui se passe autour de lui.

Mort subite du nourrisson : l'avis du spécialiste

Voilà le moment de parler de ce sujet douloureux, mais qu'il faut évoquer pour en limiter les risques : la mort subite du nourrisson. Aujourd'hui, ce phénomène terrifiant est en régression permanente, grâce aux mesures préventives qui ont été instaurées. Suivez-les, elles sont là pour le bien de votre enfant :

- Veillez à ce que la température de sa chambre soit à 19 °C.
- Ne fumez pas dans la pièce.
- Couchez toujours votre bébé sur le dos (sauf si votre médecin vous conseille autre chose, en cas de régurgitations sévères par exemple). S'il ne reste pas sur le dos, utilisez un cale-bébé pour les premiers mois.
- N'utilisez aucun oreiller, ni couverture et couette, sous lequel bébé pourrait rester coincé.
- Mettez-lui une gigoteuse ou un surpyjama qui le tiendra au chaud sans l'entraver.

Pour garnir ce lit, il faut prévoir :

- une ou deux alèses plastifiées;
- 4 draps housses;
- un tour de lit (dont les fixations sont bien solides. Je connais des bébés qui trouvaient très amusant de tirer sur les nœuds juste pour embêter maman).

Un petit nid douillet

Ah, la chambre de bébé !... Vous avez passé les dernières semaines de votre grossesse à la rêver, à la préparer, à l'astiquer... ou alors, vous allez improviser un coin pour bébé dans votre gourbi.

Que vous ayez l'âme d'une décoratrice ou que vous soyez juste bonne à coller deux nounours adhésifs sur les murs, prenez quelques précautions et écoutez ces quelques conseils.

À faire

- Créer un espace clair et accueillant, aux objets solides, aux meubles bien stables, où il aura du plaisir à dormir, jouer, et plus tard, faire ses devoirs, recevoir ses copains.
- Opter pour des couleurs neutres et faciles à entretenir.
- Utiliser des produits non toxiques (peinture sans plomb).
- Donner un style à la chambre, mais sans tout assortir (très vite, l'enfant aura ses propres goûts et il faudra tout changer).
- Se réserver des emplacements pour des rangements supplémentaires : très vite, on ne sait plus où mettre l'établi du bricoleur et le circuit grand modèle.
- Préférer des meubles modulables : la commode/table à langer, la banquette/coffre à jouets.
- Toujours veiller à la sécurité des fermetures, des roulettes et des fenêtres.

- Si le sol est froid, utiliser des tapis facilement lavables et que l'on fixe sur le sol (collant double-face).

À ne pas faire

- Assortir la chambre du bébé avec votre salon rococo (bibelots en porcelaine et étoffes précieuses).
- Peindre les murs en fuchsia pour les assortir au dessus-de-lit en crochet tricoté par mamie.
- Prendre le pot de peinture qui traîne dans le garage depuis un siècle pour repeindre le lit de bébé.
- Faire dans le « total design » : la chambre « tout nounours », la chambre à « nœuds-nœuds », la chambre rose ou bleue.
- Choisir une « si jolie petite commode avec des ouvertures en forme de cœur » mais n'ayant qu'un malheureux tiroir.
- Le style Louis XVI, difficilement compatible avec les posters Power Rangers.
- Utiliser un vieux coffre à jouets sans cran de sécurité.
- Placer un tapis en poils de zébu, non lavable et très glissant.

Veilleuse, doudou lumineux et autres boîtes à musique

Christine, 27 ans, maman de Maxime, 2 ans :

« Moi, j'ai tellement été habituée à dormir avec une veilleuse qu'aujourd'hui, à mon âge, je ne peux trouver le sommeil dans le noir complet. Je n'ai pas fait cette erreur avec mon fils. »

Mon conseil

À vous de voir : à l'âge où l'on a peur du noir, vers 2 ans et demi, 3 ans, une veilleuse peut tranquilliser certains enfants. Sachez toutefois qu'en général, une fois que l'habitude est prise, elle a la peau dure...

Marjorie, 25 ans, maman de Lola, 6 mois :

« On m'avait dit : enceinte, écoutez régulièrement l'air de votre boîte à musique et collez-la sur votre ventre pour que bébé la reconnaisse après sa naissance. Moi, je l'ai tellement écoutée que mon bébé et moi l'avons prise en grippe ! »

Mon conseil

Pas la peine de vous soûler avec les airs niaiseux des boîtes à musique avant la naissance du bébé : vous aurez déjà tellement l'occasion de l'entendre ! Il existe de nombreuses sortes d'objets musicaux. Les mobiles sont particulièrement intéressants puisqu'ils apaisent bébé et le bercent par le mouvement rotatif. Choisissez cependant un modèle qui s'accroche solidement et dont les petits objets ne se détachent pas facilement.

Carla, 33 ans, maman de Théo, 14 mois :

« On avait offert à mon fils une boîte à musique lumineuse qui diffusait des images au plafond. Dès que je l'ai mise en marche, Théo s'est mis à pleurer : les formes qui courraient sur les murs lui faisaient peur. »

Mon conseil

Si c'est une bonne copine qui vous l'a offert, osez lui dire la vérité et essayez d'échanger le jouet dans le magasin d'où il provient…

Suis le rythme, bébé, suis le rythme

Le sommeil de bébé est tout à fait particulier, dans son rythme, son rôle et sa mise en place. N'y étant pas habituées, les mamans le connaissent mal : elles s'inquiètent, et surtout sont impatientes de pouvoir le gérer (on peut mieux s'organiser quand on connaît la durée des siestes de Bibou). Parallèlement à ça, on sait que le sommeil de bébé détermine celui de maman, sa forme, sa bonne humeur et celle de toute la famille… On comprend mieux alors pourquoi les troubles du sommeil sont à l'origine de la majorité des consultations pédiatriques…

Mais avouons-le, LA grande question, celle qui hante l'esprit de tous les parents aux yeux cernés, celle que vous vous posez après chacune de ces nuits où vous avez dormi « en pointillé » (une heure entre chaque réveil du monstre hurlant), c'est :

« Mais quand va-t-il donc faire ses nuits ? »

Pour pouvoir répondre, il faut d'abord avoir quelques notions relatives au sommeil.

Quand on est informé, que l'on sait que tous les enfants passent par là, on accepte mieux la situation… et les cernes sous les yeux !

La durée

En une année, la durée de sommeil (répartie entre la nuit et les siestes) nécessaire à bébé évolue :

Le premier mois	De 1 à 4 mois	De 4 à 8 mois	De 8 à 12 mois	De 1 à 3 ans	À partir de 3 ans
De 20 à 23 heures	18 à 20 heures	16 à 18 heures	14 à 16 heures	13 à 15 heures	11 heures

Bien entendu, comme pour les adultes, ceci n'est qu'une moyenne, et il y des petits et des gros dormeurs.

Les cycles

Comme l'adulte, le bébé alterne les cycles de sommeil profond et paradoxal. Seulement, chez le tout-petit, leur fréquence et leur répartition ne sont pas les mêmes.

Sommeil paradoxal (ou sommeil rapide)

- L'enfant peut paraître agité, cligne des yeux, remue ses membres, bouge beaucoup. Ce sommeil est proche de l'état de veille.
- C'est dans cette phase que le sommeil est important pour la maturation du cerveau, le développement neuronal, l'acquisition des apprentissages, pour la mémoire.
- C'est dans cette phase que se passent les rêves.
- Ce sommeil s'intensifie à partir du milieu de la nuit (plus l'enfant dort,plus il en profite).

Sommeil profond (ou sommeil lent)

- L'enfant est calme, respire lentement. Il est profondément endormi.
- Cette phase est celle de la récupération physique, de la production des hormones de croissance.
- Ce sommeil se concentre surtout au début de la nuit.

Entre deux cycles, un réveil peut se produire. Il est de courte durée. Toute la difficulté consiste pour l'enfant à se rendormir tout seul, sans la présence de ses parents, sans biberon, sans musique, etc. Apprendre à se rendormir, c'est commencer à être autonome.

Le sommeil est véritablement mis en place autour des deux ans. Jusque-là, il peut y avoir des dérapages, des « ratés » dans le rythme. Il faut le savoir, c'est tout !

Jeanne, maman de Lucie, 1 mois :

« Ma fille prend encore un biberon la nuit, je me lève donc pour le lui donner. Au bout d'une heure, elle s'agite, bouge terriblement. Je me lève encore pour aller la voir et la rendormir. Je suis très fatiguée de ces multiples réveils. Que faire ? »

L'avis du spécialiste

Le réveil dû à la faim est tout à fait normal et va continuer jusqu'à environ 3 mois. En revanche, les réveils suivants ne sont peut-être que des manifestations d'un sommeil paradoxal très agité. Lucie bouge beaucoup, mais elle n'est sans doute pas vraiment réveillée. En allant la voir, en lui proposant un biberon ou un câlin, elle va prendre l'habitude d'être aidée pour se rendormir. Or, se rendormir tout seul est un apprentissage qu'il faut acquérir pour faire des nuits complètes.

Jocelyne, maman d'Adrien, 2 ans et demi, et de Louise, 10 mois :

« Louise fait bien la différence entre la nuit et le jour. Elle ne prend plus de biberons la nuit, mais il lui arrive parfois de m'appeler et de pleurer vers 4 heures du matin. J'hésite entre la laisser pleurer et me lever. »

L'avis du spécialiste

À partir de 3 ou 4 mois, le bébé est prêt pour faire ses nuits : il identifie l'alternance nuit/jour, il peut dormir plusieurs heures d'affilée sans manger, etc. Il sait également très bien que ses parents sont là, prêts à accourir s'il les appelle. C'est donc à vous de jouer, et pourquoi pas d'appliquer la méthode du « cri minuté ». Cela ne sert à rien de laisser pleurer un bébé. Quand il vous appelle la première fois, attendez seulement 5 minutes. Puis, allez le voir, mais faites-le de manière rapide et efficace, sans allumer la lumière, sans le prendre dans les bras. Dites-lui que vous êtes là et qu'il doit se rendormir. Soyez ferme. S'il continue de vous appeler, attendez 5 minutes de plus et retournez-y, en lui répétant les mêmes choses. Procédez de même ensuite, en ajoutant 5 minutes de plus à chaque fois. En général, cette méthode est efficace et donne des résultats en quelques jours.

Un conte merveilleux pour les mamans

Il était une fois une maman dont le petit garçon se levait très tôt depuis toujours. À la suite d'un déménagement, qui avait mis toute la petite famille sur les nerfs et sur les rotules, le petit garçon, qui avait 6 mois, se réveillait à 4 heures du matin, tous les jours. Sa maman ne savait plus quoi faire : elle avait cédé une fois en donnant un biberon avant de recoucher le bébé, et depuis, elle recommençait à chaque fois. Elle n'arrivait pas à sortir de ce « cercle vicieux ». La maman était très fatiguée, car si son bébé se rendormait après le biberon, elle, elle n'y arrivait pas. Au bout de quelques semaines sur ce rythme, elle déprimait vraiment. À l'hôpital, il y avait un médecin spécialisé dans le sommeil des enfants. La maman et son petit garçon sont allés le voir. La maman lui a expliqué le problème et le gentil docteur s'est adressé directement au petit garçon : « Tu sais, maintenant, tu n'es plus un tout petit bébé. Il est normal que tu te réveilles la nuit, mais tu es assez grand pour te rendormir tout seul. La nuit, c'est fait pour dormir. On ne peut pas boire de biberon, ni appeler maman, parce que maman, elle fait dodo. Cette nuit, si tu te réveilles, fais un câlin à ton nounours et rendors-toi. » Le petit garçon avait écouté bien sagement le monsieur à la blouse blanche. Le soir, maman lui avait répété les mêmes paroles. Le lendemain, maman se réveilla et regarda le réveil : il était 7h30.

Comme quoi, parfois, il suffit de parler pour se comprendre...

Recopiez sur une grande feuille les phrases qui vous concernent et scotchez-les sur le miroir de votre salle de bains (à lire en même temps que l'on regarde sa tête ravagée du matin) :

- mon bébé ne le fait pas exprès : s'il me réveille la nuit, c'est qu'il n'est pas encore bien réglé ;
- mon bébé est un petit dormeur, il faut que je m'y fasse ;
- mon bébé a du mal à reconnaître le jour et la nuit. Il est inutile de lui demander de faire la grasse matinée le dimanche ;
- non, je ne l'aide pas en allant le prendre dans mes bras dès qu'il remue.

Le co-dodo

La méthode est très répandue (aux États-Unis notamment) : elle consiste à garder le bébé dans son lit quand on l'allaite, pour éviter de se lever et de se réveiller complètement, pour favoriser les échanges, pour rassurer.

Personne ne peut juger du bien-fondé de cette façon de faire : si vous, votre chéri et votre bébé en êtes contents, tant mieux. Pourtant, endormir systématiquement un enfant aux bras ou le garder dans son lit peut entraîner une sorte de « dépendance ». L'enfant doit apprendre à se calmer et à trouver dans son environnement personnel de quoi s'apaiser. Le coucher dans le lit des parents le prive de cet apprentissage et entraîne une confusion des différents espaces privés : celui du bébé et celui de papa-maman. À vous de voir.

Notes

Acte 6

Propre comme un sou neuf

« Allez ! C'est l'heure du bain ! »

C'est votre petit rituel : en fin d'après-midi, alors que vous venez de retrouver le Pichoun après le travail, vous vous préparez à passer un délicieux moment dans l'atmosphère chaude et humide de la salle de bains pour la séance quotidienne d'hygiène corporelle.

Tout est prêt : la pièce à la bonne température, l'eau chaude comme il faut, coin-coin flottant avec grâce dans la baignoire. Sauf que bébé, lui, n'a pas l'air très motivé…

Et vous, comment allez-vous faire ?

Vous dans votre rôle de maman

Maman 1 « *Ce n'est pas grave.* »

Oh là, on ne va pas s'énerver pour un Boutchou qui ne veut pas prendre son bain ! On verra ça demain !!! Mieux vaut passer un moment à jouer plutôt que de le forcer à se laver. En plus, ça fera toujours ça de moins à éponger après son passage...

➔ Effectivement, le bain n'est pas une obligation quotidienne, même s'il permet une bonne hygiène et aussi un bon moment de détente. En revanche, si vous ne vous sentez pas le courage, si vous n'avez pas le temps ou si bébé préfère rester avec ses petits cousins qui lui rendent visite… on peut en faire l'impasse ! Veillez cependant à ce que le siège de bébé soit toujours propre, ainsi que ses mains et son visage.

Maman 2 « *Le bain, c'est bien.* »

Non, le bain, c'est tous les jours ! Tant pis si le petit n'a pas envie de plonger dans l'eau, on va trouver une astuce pour l'y amener ! « Oh, regarde, le canard fait la course avec la baleine !!! », et hop, plouf !

➔ Effectivement, se laver quotidiennement, à heures régulières, est un rituel qui permet aux petits de trouver leurs repères. Souvent, ils sont intéressés par d'autres activités et devoir tout quitter pour aller se baigner ne leur convient pas. Il faut alors ruser et transformer la corvée en un jeu ! Dans le bain, on apprend à remplir et vider : voilà une expérience de physique appliquée très enrichissante !

Maman 3 « *Je ne suis jamais rassurée.* »

La température de l'eau, le fait que son petit corps tout savonné glisse entre les doigts, la peur qu'il boive la tasse... vous êtes de nature inquiète, alors pour le bain, c'est la panique !

➔ Bien sûr, les premiers bains peuvent vous sembler un peu périlleux : il y a de nombreux paramètres à prendre en considération pour que cela soit réussi. Mais très vite, comme pour les autres soins quotidiens, vous devez prendre l'habitude et passer experte rapidement. Cependant, vous avez raison d'être toujours vigilante : il ne faut jamais laisser un enfant seul dans son bain, ni sur sa table à langer.

Le changer ?
Non, non, je veux le garder !

Alors là, c'est sûr, vous allez très vite être mise au pas. Si un vague dégoût vous prenait en voyant des mamans essuyer les fesses sales de leur bébé, il va falloir l'oublier mesdames. Les mains dans le cambouis, vous allez y avoir droit. Et pas qu'un peu !

Toute une panoplie de « paquets cadeaux » vous sera réservée (chez moi, on appelle ça aussi les « pochettes surprises » ou les « bombes ») :

- le joli pipi, tout seul, fleurant presque bon ;
- le petit caca, bien moulé, en un seul morceau, facile à dégager ;
- le prout foireux, comme l'explosion d'une ogive nucléaire, mais avec des morceaux ;
- le méga-caca, bien étalé, qui remonte jusque dans le dos, avec son option « coulante » qui dégouline, ou sa version « collante », indécrottable (!!!).

Pour accompagner tout cela, vous aurez droit à une palette entière de fumets (tout dépend du repas précédent) : des légers arômes de crottin lacté aux effluves pestilentielles et toxiques du déchet de poulet choux-fleurs.

Une poubelle à couches ?

Il existe des poubelles spéciales, qui permettent d'emprisonner les relents incommodants des couches de bébé. Certes, cela paraît idéal. Regardez ce genre d'article dans le magasin de puériculture et craquez si vous le voulez. Cependant, certains échos signalent que l'engin est parfois difficile à utiliser et que les recharges coûtent très cher.

Pour des soucis d'écologie, les sacs en plastique ne sont plus distribués à qui mieux mieux dans les supermarchés. C'est bon pour la planète, mais pas pour les jeunes parents qui pouvaient utiliser ces sacs pour isoler les bombes puantes et aller les jeter très vite hors de la maison... En l'absence de ces contenants, vous serez sans doute contraints de placer les couches sales dans votre poubelle familiale... odeurs garanties dans la cuisine !!! Si vous le pouvez, isolez quand même ces déchets un peu particuliers... Un coin de balcon fera l'affaire pour ne pas être intoxiqués au quotidien !

Remarque : à moins de vraiment vouloir se venger d'un voisin peu sympathique, n'allez pas jeter discrètement vos paquets fumants dans son container...

Le change va rythmer vos journées !

Pendant les premiers mois, un bébé doit être changé entre 6 et 10 fois par jour, c'est-à-dire dès que la couche est souillée. Il s'agit là d'une question d'hygiène, mais aussi de soin et d'affection portés à Bibounet. Le changer, ce n'est pas que lui laver les fesses, c'est aussi un merveilleux moment d'intimité, de câlins, de guili-guili et papouilles en tout genre. Certes, le tout petit bébé n'aime pas être déshabillé, mais avec toute la tendresse qui vous caractérise, vous allez très vite l'apprivoiser.

Pour certains papas, changer la couche est une des tâches les plus difficiles. Écœurés, ils s'y mettent avec un entrain qui fait peine à voir, et une mine particulièrement déconfite.

Pour essayer de les motiver, titillez leur fierté et donnez-leur l'impression qu'ils peuvent passer à vos yeux pour des super-héros venant à bout d'une mission périlleuse... « Mais oui chéri, tu vas t'en sortir. Pour un mec comme toi, qui n'a peur de rien, un gros caca vert, c'est un défi ridicule ! » Fixez-leur un objectif : décrocher la palme de l'efficacité / la médaille du record du monde de vitesse... Piqués au vif, ils n'oseront pas reculer !!!

L'info du spécialiste

Les premiers jours qui suivent la naissance, le bébé rejette le méconium, une substance vert foncé, presque noire qui s'est accumulée dans l'intestin durant la grossesse. À partir du troisième jour, les selles commencent à s'éclaircir, au fur et à mesure que le bébé prend davantage de lait. Autour du cinquième jour, elles ont l'apparence des selles normales d'enfants allaités. Elles sont pâteuses ou liquides, de couleur moutarde, et d'odeur faible. Après les 3-4 premiers jours, on devrait observer une augmentation de leur volume et, à la fin de la première semaine, il devrait avoir 2-3 selles substantielles chaque jour. Cependant, la plupart des enfants mouillent une couche après pratiquement chaque tétée.

Avant ou après le repas ?

Là est la grande question. Mamie vous dira sûrement qu'on doit changer un bébé avant qu'il mange pour ne pas qu'il vomisse ou qu'il régurgite quand vous allez le remuer. Pourtant, en sachant que bébé se délestera sûrement de sa production une fois le biberon bu, mieux vaut attendre que le paquet soit livré. Il suffit alors de prendre beaucoup de précautions et de ne pas trop bouger cet enfant plein de lait.

Quelles couches choisir ?

Devant le rayon « couches » du supermarché, vous serez prise de vertiges tant il existe de marques, de types et de tailles.

Plusieurs points sont à prendre en compte :

- Les nouveau-nés ont des selles très liquides qui nécessitent des couches particulièrement performantes.

- La taille importe peu, ce qui compte, c'est le poids. Toutes les couches proposent une fourchette de poids (5-9 kg, 10-13 kg, etc.). Il faut que celui du bébé soit au milieu de cette fourchette. On passe à la taille supérieure quand la couche semble vraiment serrée.
- Les couches bon marché paraissent attractives. Testez-les, mais il vaut généralement mieux investir dans de bonnes couches qui éviteront les irritations. Très souvent, les couches économiques ont un aspect plastifié assez désagréable (surtout quand bébé remue et que ses fesses font le bruit d'un sac poubelle).

Où le changer ?

Plusieurs solutions existent. Elles dépendent de la place dont vous disposez et de votre degré d'exigence pour le confort :

- table à langer tout-en-un (avec baignoire, bacs de rangement, etc.) ;
- planche coulissante posée sur une commode et équipée d'un matelas à langer ;
- matelas à langer à poser où l'on veut (sur un lit, par terre, etc.).

Règles de sécurité

Quelle que soit l'option choisie, quelques règles de sécurité sont à observer :

- Si la table est sur roulette, bloquez-les avant de poser votre bébé.
- Essayez toujours de placer votre table à langer contre un mur, ou dans un angle : il n'est jamais inutile de répéter qu'un bébé est parfois aussi insaisissable qu'une savonnette et qu'il faut limiter tout risque de chute. C'est pourquoi le changer par terre est bien souvent la solution la plus sûre.
- Toujours avec ce souci de sécurité, il faut rappeler qu'un bébé ne doit jamais être laissé tout seul sur sa table à langer, même une demi-seconde : prenez votre portable avec vous, sinon, il est hors de question d'aller décrocher s'il sonne.

- Vous allez rapidement devenir une professionnelle du jonglage monomanuel : vous saurez tout faire d'une main et découvrirez l'importance insoupçonnée de votre coude (pour appuyer sur le flacon-pompe, pour appuyer sur l'interrupteur...).
- Préparez tout ce dont vous avez besoin pour le changer : prenez ses vêtements avant de commencer, couches et autres produits doivent se trouver à votre proximité.

Le conseil de la bonne copine

Il vous arrivera forcément d'avoir besoin de changer Bibou à l'extérieur (interrogez-vous sur cette possibilité quand un essaim de mouches vous suit). Soyez prévoyante : même si vous transportez toujours votre sac à langer contenant tout le kit de survie du bébé en balade, préparez une trousse de secours qui restera en permanence dans la poussette. Placez-y une ou deux couches (vérifiez régulièrement si elles sont toujours à la bonne taille), un paquet de lingettes petit format et un sachet en plastique TRÈS utile pour se débarrasser du déchet radio-actif sans avoir à le porter à bout de bras jusqu'à une poubelle.

À savoir

- Certains bébés (les nourrissons en particulier) sont spécialistes dans l'arrosage automatique : attendez-vous à être régulièrement trempée par le robinet multidirectionnel de votre fils ou la fontaine jaillissante de votre fille.
- Certains bébés sont assez retors pour attendre de porter une couche toute propre avant de lâcher leur paquet.
- Certains bébés attendent d'être dans leur bain pour se soulager (eh oui, il faut se préparer psychologiquement à vivre cette scène d'horreur).

La toilette intime

La toilette des organes génitaux nécessite une attention particulière.

Chez les petites filles : elle se fait méticuleusement, dans les moindres replis. On utilise une compresse ou un carré de coton mouillé, sans savon, et on procède d'avant en arrière pour ne pas ramener d'impuretés de l'anus vers la vulve.

Chez les petits garçons : la grande question « faut-il décalotter ? » fait rage : contrairement à ce que préconise mamie, il est aujourd'hui recommandé de ne pas décalotter bébé avant 4 mois. À partir de cet âge, on commence à repousser délicatement la peau pendant la toilette pour nettoyer l'extrémité du gland, sans jamais forcer. Au moindre signe de douleur, on stoppe tout : tant que le jet urinaire est normal, il n'y a pas d'urgence (consultez votre pédiatre à la moindre interrogation à ce sujet). En grandissant, le petit garçon va manipuler son zizi et faire coulisser tout naturellement son prépuce.

NB : Certaines mamans se sentent assez maladroites pour pratiquer cette toilette du petit garçon. Le papa est alors invité à montrer sa science dans ce domaine…

Le bain

Il doit s'agir d'un moment de détente… même si avec un nourrisson, ce n'est pas toujours le cas. En plus de l'hygiène, le bain apporte un véritable bien-être au bébé qui, le temps de quelques instants, retrouve le contact de l'eau qui l'a bercé pendant de longs mois (c'est pareil pour vous, même 30 ans plus tard). Voilà pourquoi il est conseillé de laver Bibounet tous les jours. En revanche, si vous vous sentez trop fatiguée, pressée ou ce que vous voudrez pour partager ce moment, attendez le lendemain. Si les zones à risques (sous la couche) sont propres, le reste peut attendre une journée (et même si votre mère lève les yeux au ciel).

Au début, ce sont évidemment des problèmes techniques (et des questions existentielles) qui vont vous déranger.

La température

La température idéale pour la salle de bains est de 22 °C. Si cette température est idéale pour un pauvre bébé tout nu, vous-même aurez sûrement trop chaud : prévoyez un T-shirt (avec la tension nerveuse du début, vous allez suer sang et eau).

L'eau du bain : remplissez la baignoire avant d'y mettre bébé et osez vous servir du « canard-thermomètre » que votre belle-sœur vous a offert. Votre main, votre coude (ou toute autre partie de votre corps) n'est pas assez fiable pour juger de la température de l'eau. Sachez que les bébés se souviennent particulièrement bien des mauvais épisodes (l'eau du bain était trop chaude, trop froide, etc.), ce qui risque de les marquer pendant un bon moment.

Si vous devez rajouter de l'eau, commencez par de l'eau froide, puis ajoutez l'eau chaude pour terminer par de l'eau plus froide.

Quand et combien de temps ?

- Comme pour le change, il peut y avoir un débat familial (l'ancienne méthode contre la nouvelle) autour de l'heure du bain. En général, on baigne bébé entre deux repas, mais pas quand il est affamé, pour éviter les scènes d'hystérie déclenchées par un ventre creux. Efforcez-vous de trouver un horaire régulier pour donner le bain : comme toutes les autres activités, cela permettra à bébé de trouver plus rapidement ses repères (et donc de mieux dormir la nuit...).
- 5 à 10 minutes suffisent (il faut éviter le dessèchement cutané). Si vous, vous passez de longues heures à ramollir dans votre bain plein de galets effervescents spécial-détente-et-méditation, votre bébé ne doit y faire qu'un passage éclair : un petit shampooing (ou effleurage capillaire), un petit savonnage dans tous les plis, c'est largement suffisant. Tout l'art du bain consiste à se dépêcher sans brusquer.

NB : les bébés aiment bien qu'on les berce dans l'eau, comme le programme laine de votre machine à laver, dans un mouvement de va-et-vient.

- Plus il grandit, plus il appréciera de jouer dans le bain (c'est drôle comme ces jeux qui consistent à inonder le carrelage ne vous amusent pas, vous). Dès qu'elle tiendra assise, la Prunelle de vos yeux passera plus de temps à barboter et s'amusera follement à remplir inlassablement, comme les Danaïdes, un gobelet troué, ou à boire l'eau moussante.

Les produits

Peu importe la marque, peu importe la fonction 2 en 1, 3 en 1 ou la présentation... les produits doivent être :

- spéciaux pour bébé : hypoallergéniques, particulièrement doux, ne piquant pas les yeux;
- achetés en petits formats, si vous ne les connaissez pas. Si vous changez de savon liquide, ne vous précipitez pas sur les deux bouteilles d'un litre en promo. Et si le produit ne convenait pas à l'épiderme délicat de votre bébé ?

Les soins de la peau

Plus tard, il y aura l'acné, la zone médiane grasse. Plus tard encore, il y aura les ridules et les sillons profonds... Pour l'instant, la peau du Petit Cœur est si neuve qu'elle ne semble avoir besoin de rien. Détrompez-vous ! Elle demande au contraire beaucoup de soin et d'attention.

Le visage

Le minois de bébé ne se lave pas avec l'eau du bain (eau dans les yeux, le nez et la bouche = angoisse). En plus, sa peau est si délicate qu'il vaut mieux la traiter avec des produits particulièrement doux.

Vous pouvez nettoyer les joues, le front, le menton, les ailes du nez avec un carré de coton imbibé de lait ou de lotion. Pour le nez, utilisez un morceau de coton humide, roulé en mèches, mais sachez que les bébés DÉTESTENT que l'on fouille leurs orifices. Réservez mouche-bébé et autres lavements au sérum physiologique pour les grandes occasions (rhume). Pour les oreilles, utilisez de préférence des cotons tiges spéciaux (qu'on peut utiliser dans le nez également). Ne pas oublier les plis du cou qui recèlent parfois des trésors de miettes, de bouloches de tissu et de lait caillé.

Les yeux se nettoient avec des compresses stériles et du sérum physiologique. Il faut aller des coins extérieurs vers les coins intérieurs, pour éviter de répandre les impuretés.

Le visage d'un petit Loulou peut se couvrir subitement de plaques rouges, de boutons, de zones rugueuses, et autres éruptions étranges. La peau d'un bébé est ULTRA sensible, souvent très sèche et nécessite une protection quotidienne. Couvez-le de crème hydratante et, en période estivale, usez et abusez de protection solaire.

Quiz

Testez vos connaissances sur la protection solaire

1. La peau de l'enfant est immature, son derme est mince, et le film hydrolipidique est faible et fragile (il risque la déshydratation) ; le mécanisme de fabrication de la mélanine est encore limité.

 - ☐ Vrai
 - ☐ Faux

2. Le « capital solaire » d'un enfant n'est pas entamé dans les premières années.

 - ☐ Vrai
 - ☐ Faux

3. Les habitudes, bonnes ou mauvaises, prises pendant l'enfance, conditionnent le comportement de toute une vie.

 - ☐ Vrai
 - ☐ Faux

Réponses

1. *Vrai* : Particulièrement fragile, la peau du bébé mérite un soin très particulier.
2. *Faux* : Au contraire, la mémoire solaire de la peau est active dès la prime enfance.
3. *Vrai* : Si les parents montrent le bon exemple, la prévention sera plus facile.

Comment faire ?

- Ne pas exposer un bébé de moins d'un an au soleil.
- Éviter l'exposition entre 11 heures et 16 heures.
- Éviter les tissus transparents qui laissent passer les rayons. Préférez les vêtements au tissage serré et faites-lui porter un T-shirt.
- Votre enfant devra aussi porter un chapeau à larges rebords pour bien protéger les oreilles, l'arrière du cou et les yeux (essayez de lui mettre des lunettes protectrices).
- S'il a plus d'un an, appliquez-lui, 30 minutes avant l'exposition, une bonne protection solaire non grasse « écran total ». Renouvelez l'application toutes les heures. Assurez-vous d'en appliquer généreusement et uniformément avant que votre enfant enfile ses vêtements ou son maillot.
- N'employez jamais d'huile pour le protéger des rayons du soleil. Ce produit augmente les effets des rayons ultraviolets sur la peau.
- Même si le ciel est voilé, le rayonnement du soleil peut être très fort, donc une application de protection solaire est toute aussi nécessaire.
- Faites boire souvent votre enfant pour éviter une déshydratation.

Le corps

La peau de bébé produit très peu de sueur, elle ne se lubrifie pas toute seule : il faut donc éviter tout dessèchement cutané (qui peut ouvrir les portes toutes grandes à un eczéma, si le terrain familial est allergique).

La première des précautions est de bien sécher bébé : n'oubliez pas l'intérieur des plis (cuisses, bras, cou...) et essuyez-le bien entre les orteils.

Enduisez-le ensuite de crème hydratante (spécialement formulée pour les bébés) à la sortie du bain et profitez-en pour lui offrir un petit massage.

Le massage

Ce qu'il faut faire

- Être détendue (pas pressée, pas stressée), et le bébé calme (il n'a ni faim, ni froid, ni peur, etc.).
- Procéder par effleurements, avec des gestes lents et doux.
- Utiliser une crème hydratante assez grasse, cela glissera très bien. L'huile d'amande douce, si souvent recommandée, peut être source d'allergies.

Ce qu'il faut éviter

- Le masser vigoureusement, comme le fait Sven, votre kiné suédois.
- Utiliser votre huile de massage aux huiles essentielles tonifiantes (elles passent dans la peau et risquent de nuire à la santé du bébé).

La dermite atopique

Voila le nom barbare que l'on donne à l'eczéma. Survenant dès le plus jeune âge, les éruptions cutanées sont caractérisées par une grande sécheresse de la peau, des rougeurs, des démangeaisons.

Elles sont le plus souvent localisées sur le visage, le torse ou dans les plis des membres (coude, arrière des genoux). Parfois, la peau peut suinter, ou former des croûtes.

Bien souvent, on décèle un terrain allergique familial, des antécédents de rhume des foins, d'asthme ou d'eczéma.

Parfois, la dermite atopique peut disparaître progressivement, mais elle peut également perdurer et se généraliser.

Très souvent, la sécheresse de la peau est à l'origine des poussées d'eczéma : plus hydratée, elle a plus de moyens de se défendre. Les bains doivent être courts et suivis de l'utilisation systématique de produits hydratants.

Les poussées d'eczéma sont à traiter le plus souvent avec des crèmes à base de cortisone, dont le médecin vous expliquera les modalités d'application (au début, deux fois par jour, puis une fois. Attention ! Il faut scrupuleusement respecter le traitement, pour éviter l'effet « rebond »).

Angoissante pour les mamans, la dermite atopique est gênante, mais elle peut être contrôlée et traitée.

Les soins du cordon

Dès les premiers jours, vous allez être mise au pas en ce qui concerne les joies de la maternité grâce aux soins qu'il faut apporter au cordon ombilical. Cela peut être assez impressionnant et avouons-le, c'est toujours avec nostalgie que l'on regarde cette excroissance de chair, souvenir tout récent de notre « attachement » avec bébé.

Le nettoyage du cordon

La cicatrisation se fait environ entre le 12e et le 15e jour (mais il faut poursuivre les soins quelques jours après la chute de la « croûte »). Jusque-là, on peut baigner le petit, mais à chaque change (tout du moins plusieurs fois par jour), il faut :

- bien sécher le cordon avec une compresse stérile ;
- nettoyer avec une compresse stérile imbibée de désinfectant (prescrit par votre médecin) ;
- laisser sécher puis appliquer de l'éosine aqueuse à 2 %. Préférez les doses individuelles que l'on conserve une journée. Évitez de toucher l'éosine avec les doigts mais utilisez un coton tige bien imbibé ou faites-en couler quelques gouttes sur la plaie (on reconnaît les jeunes mamans aux taches rouges qui ornent leurs mains !) ;
- protéger ensuite avec une compresse maintenue par un filet ombilical ou une bande. Les méthodes plus modernes veulent qu'on laisse sécher à l'air en repliant le haut de la couche. (Cela évite en tout cas que la compresse se colle à la plaie ce qui rend le tout assez délicat à retirer.)

La chute du cordon

Le cordon, en se desséchant et en tombant, laisse une petite plaie qui peut suinter quelques jours (ce qui n'empêche pas le bain). En revanche, il vaut mieux consulter si le suintement se poursuit, si la plaie devient purulente, se boursoufle, etc.

Si le cordon ne tombe pas, le pédiatre le brûle alors avec un nitrate d'argent (cela n'est pas douloureux).

Cheveux et ongles

Les cheveux d'un nourrisson ne laissent en rien présager de ce que sera sa future crinière. S'ils sont fins et duveteux au début, ils poussent néanmoins et peuvent gêner bébé s'ils lui chatouillent les yeux, les oreilles ou le cou.

Si aucun espoir d'en modifier la couleur, la texture ou l'épaisseur n'est permis, il peut être utile de pratiquer une petite coupe afin de retirer les frisottis gênants.

Les cheveux

Les premiers mois, contentez-vous de retirer les pointes en utilisant des ciseaux à bouts ronds. Ensuite, si vous avez le courage et le talent, vous pourrez toujours couper un peu plus, à vos risques et périls !

- Opérez sur cheveux secs pour limiter les dégâts.
- Dans la mesure du possible, essayez de suivre le mouvement des cheveux.
- Si un épi est très marqué, allez-y doucement au risque de le voir dressé sur la tête de Titi pendant un bon moment.

Sachez que certains coiffeurs spécialisés peuvent s'occuper des bébés dès 2 mois : cela permet parfois d'éviter le pire.

La tonsure caractéristique des nouveau-nés (sur l'arrière du crâne) est due au frottement permanent de sa tête contre le tissu des draps, de la poussette, du relax, etc. Assez inesthétique, elle finira par s'estomper dès que Loulou pourra rester assis et qu'il arrivera à se tourner sur le côté dans son lit.

Les ongles

Les bébés naissent parfois avec les ongles très longs : ils sont alors si mous qu'ils se déchirent souvent tout seuls.

Mieux vaut éviter de les couper le premier mois, mais ensuite, il faut prendre son courage à deux mains et oser l'opération « coupe-ongles » pour éviter qu'il ne se griffe (une main de bébé est parfois aussi insaisissable qu'une mouche que l'on poursuit avec sa tapette).

Règles d'or pour passer le diplôme de manucure :

1. Réunissez toutes les conditions pour que le client soit détendu (après un biberon, pendant la sieste).
2. Utilisez de préférence un coupe-ongles spécial bébé (avec butée pour ne pas aller trop loin).
3. Coupez l'ongle court, mais pas ras, sans aller trop dans les angles.

Si vous avez passé l'examen avec brio, enchaînez avec la seconde épreuve : la pédicure (même opération mais sur un autre support).

Vous avez échoué si :

- Un ongle s'enflamme. Rattrapez le coup en soignant avec un antiseptique. Consultez si l'inflammation augmente et la plaie est rouge.
- Vous avez entaillé un doigt. Appliquez fortement une compresse stérile jusqu'à ce que le saignement s'arrête. Désinfectez, puis laissez sécher à l'air libre.

Les vêtements : ça suffit deux sous-pulls ?

La maman « Parfaite », elle, sait toujours comment elle doit couvrir son enfant pour qu'il n'ait ni trop chaud ni trop froid. Vous, vous êtes si frileuse que vous avez tendance à croire que votre Pitchoun l'est aussi. Effectivement, votre propre appréciation de la température peut être un bon indicateur : si vous suez sang et eau sous un soleil de plomb, il est normal que le bébé soit habillé légèrement.

En revanche, si vous grelottez dans votre appartement, c'est peut-être que vous êtes fatiguée, en plein syndrome prémenstruel, ou juste frileuse. Votre bébé, quant à lui, remue énormément : il fait autant d'exercice physique en une journée que vous sur une année. Ainsi, il ne doit pas être couvert autant que vous dans un appartement chauffé.

Bien sûr, un nourrisson est beaucoup plus sensible au froid qu'un enfant plus âgé de quelques mois. Le nouveau-né doit donc être particulièrement surveillé et couvert. En été, en période de canicule, il peut être presque nu (attention au soleil !) et doit beaucoup boire pour lutter contre la déshydratation.

Enfin, les mains ne sont pas de bons indicateurs concernant la température du corps : mieux vaut toucher les avant-bras ou encore mieux, la nuque et le haut du dos.

Pelures d'oignon !

En hiver, il faut s'adapter aux fluctuations de température. Vous et Bibou quittez votre maison bien chaude (22 °C), vous ouvrez la porte et une bourrasque neigeuse vous souffle au visage (- 2 °C). Luttant contre le vent, vous avancez derrière la poussette et entrez finalement dans la boulangerie chauffée au four à bois (25 °C). Votre baguette dans le sac, vous reprenez la route (et hop, un petit tour à - 5 °C) et vous postez sous l'abribus en plein courant d'air. Vous sauvant de la glaciation, le bus arrive et vous amène en ville, au centre commercial (19 °C).

Vous imaginez les chaud-froid (et la cohorte de mouchoirs qui vont avec) !

Comment faire pour protéger Bébé ?

En adoptant la technique des pelures d'oignons !

Mieux vaut couvrir bébé avec plusieurs petites épaisseurs, faciles à retirer ou à remettre, plutôt que de lui faire porter un gros pull.

Essayez la superposition du type :

- un body en coton ;
- un T-shirt à manches longues ;
- un gilet en polaire ;
- un blouson.

Vous pourrez, à loisir, enlever le vêtement de trop... et le renfiler !

N'oubliez pas de couvrir tout ce qui dépasse : un bonnet et des gants sont indispensables. Mais souvent, vous êtes la seule à être persuadée de leur utilité ! Bébé ne pense qu'à une chose : les retirer. Pour l'en empêcher, pensez aux bonnets que l'on peut attacher sous le menton. Achetez également des moufles reliées entre elles par un fil que vous ferez passer à travers les manches : ainsi, vous ne dépareillerez plus les paires !

Notes

Acte 7

« Ouin ouin ouin, le tube de l'année ! »

Dans l'avion, il reste encore 1 heure de vol. Ce n'est pas long, pensez-vous. Sauf que pour la maman, il faut trouver des trésors d'imagination pour empêcher Petit-cœur, 8 mois, de crier, de ramper dans le couloir, de tirer la barbe du charmant monsieur du siège d'à côté…
Et vous, comment allez-vous faire ?

Vous dans votre rôle de maman

Maman 1 « *Je vais bien, tout va bien.* »

Comment faire autrement ? Au bout d'un moment, il est normal que le petit en ait assez de rester dans cette cabine pressurisée. Le tout est d'arriver à trouver en soi un peu de sérénité pour supporter le regard assassin des autres voyageurs et de leur sourire de toutes ses dents : « Ce n'est qu'un bébé, il ne le fait pas exprès. »

- Félicitations ! En sentant que vous êtes calme et détendue, votre petit sera apaisé et peut-être supportera-t-il mieux le voyage. Il est vrai que les pleurs d'un enfant sont parfois difficiles à supporter : dans un avion, ils paraissent encore plus stressants.

Maman 2 « *Fais dodo, Colas mon p'tit frère.* »

Vous êtes bien embêtée d'imposer cette torture auditive à vos voisins de cabine mais le petit ne cesse de pleurer… vous le bercez, vous déambulez dans le couloir, vous lui montrez le paysage à travers le hublot, enfin, vous faites votre maximum pour le divertir et le calmer. Pourtant, vous regardez votre montre d'un œil discret en espérant que l'atterrissage est proche.

- Bien tenté ! Vous faites tout ce qui est en votre pouvoir pour calmer le jeu, c'est déjà pas mal ! Si l'épisode pouvait ne pas s'éterniser, cela vous arrangerait bien… Alors, courage ! Tout le monde est passé par là et parmi les gens au regard noir, on trouve aussi des mamans qui ont l'air de compatir !!!

Maman 3 « *On arrive bientôt ?* »

Vous êtes dans tous vos états : même seule, vous n'aimez pas prendre l'avion, alors avec un Bibou hurlant, n'en parlons pas. Vous sentez la pression qui monte en vous en même temps que s'intensifient ses cris…

- Voyez l'aspect positif de la situation : en vous occupant de votre bébé, vous n'avez même pas le temps d'imaginer les scénarios catastrophe que vous élaborez d'habitude pendant un vol !

Pleurs et crises de nerfs

Il faut bien l'admettre : un bébé, ce n'est pas qu'un joli baigneur tout rose, avec lequel on joue à la poupée, que l'on embrasse dans le cou et dont les sourires ramollissent les cœurs les plus durs.

Un bébé, c'est aussi une usine à caca, une tornade dévastatrice dans une maison un tant soit peu rangée, un producteur infini de linge sale, un glouton qui n'aime que les biscuits en forme de lapin (« Non maman, z'aime pas les biki en nounours... »), un pot-de-colle qui ne dort bien que dans votre lit, et cætera, et cætera.

C'est aussi une sirène dont les hurlements lancinants peuvent mettre à bout un yogi chevronné, un « ver de terre » rouge et suant impossible à maîtriser, une bouche hurlante émettant des cris stridents à vous faire exploser les tympans.

Tous les manuels de puériculture parlent des pleurs. Ils accompagnent si naturellement la vie du nourrisson et du bébé qu'on ne peut les oublier. Cependant, on évoque rarement le fait que quand bébé pleure, maman s'effondre.

Partout, on peut lire que « petit à petit, la maman apprend à reconnaître les différents signes de son enfant ». Avec l'expérience, on sait effectivement faire la différence entre un hurlement de loup affamé et un gémissement de bébé fiévreux. Mais personne ne dit que tout type de cri finit par être usant.

Évidemment, une maman est suffisamment intelligente, compréhensive et compatissante pour savoir que Bibou n'a pas d'autres moyens de s'exprimer. Il ne crie pas pour embêter sa mère mais seulement pour réclamer son aide, à elle, la seule personne qui puisse le soulager...

Bien sûr, vous savez tout ça.

Pourtant, il peut arriver que pendant un quart de seconde, vous ayez envie de hurler « MAIS TU VAS TE TAIRE, ESPÈCE DE PETIT GNOME ! » (ensuite, vous vous en voudrez pendant au moins un quart de journée).

Selon l'âge de l'enfant, les pleurs sont perçus différemment et l'on peut distinguer plusieurs stades dans l'acceptation des pleurs par les parents.

- Chez le nouveau-né : les parents ne comprennent pas bien les pleurs, ils se sentent impuissants et réagissent au quart de tour pour trouver une solution en se demandant s'ils sont de bons parents (culpabilité niveau 5 sur l'échelle « Bonparent » qui en compte 5).
- Après quelques semaines et pendant quelques mois : les parents savent pourquoi bébé pleure, et trouvent la solution, sans trop réfléchir (le manque de sommeil et quelques centaines de couches sont passés par là).
- Au bout de quelques mois : petit monstre a très bien compris comment faire réagir ses parents et commence à jouer de toute sa force de persuasion. Les parents se sont blindés et savent déjouer les pièges tendus par le petit chenapan.

Le « best-off » du bébé hurlant

- Au milieu de la nuit, dans un hôtel.
- Au supermarché, devant le regard outré des mégères à bigoudis.
- Dans un avion (surtout pour un long courrier).
- Au téléphone (quand vous devez noter des indications importantes pour aller à un rendez-vous).
- Dans la voiture, alors que vous ne trouvez pas le lieu de votre rendez-vous (voir plus haut).
- Au cours d'une cérémonie, d'une réunion où vous avez été obligée de l'emmener.

Les pleurs du nourrisson

Le nourrisson n'est pas forcément celui qui pleure le plus, mais il est certainement celui qui est le plus difficile à comprendre. Il faut partir du principe que ses plaintes ont forcément une cause : à vous de trouver laquelle en menant l'enquête. Cependant, pas d'inquiétude, vous allez très vite devenir un Sherlock Holmes : il a été prouvé qu'une maman reconnaît déjà 3 à 6 types de pleurs dix jours après la naissance de son enfant.

Ce qui peut déranger Petitbout	**Les indices**
J'ai faim / J'ai soif.	Ce sont des cris très violents, de rage, qui ne s'arrêtent pas quand vous le prenez dans les bras. Souvent, il mange son poing. La seule chose qui compte à ce moment-là, c'est MANGER ! (Certains enfants se calment en voyant les préparatifs du biberon.)
Ma couche est mouillée.	Ce sont des cris assez plaintifs, peu violents, mais plus lancinants.
J'ai froid / J'ai chaud.	Cris plaintifs, énervement.
Je suis fatigué.	Bébé pleurniche, sanglote, a l'air mal à l'aise. Il cherche à se blottir, à se réconforter.
J'ai mal.	Cris aigus, stridents et angoissés. Les cris ne s'arrêtent pas quand vous le prenez dans les bras. Jusqu'à 3 mois, il s'agit souvent des « coliques du nourrisson », dues à l'immaturité de son système digestif.
J'ai besoin de me défouler.	Ce sont des cris qui permettent d'évacuer le stress de la journée, des gémissements accompagnés d'agitation.
En option : Je suis tout nu. Je suis dans l'eau. On me tripote, Il y a du bruit...	Pleurs plaintifs ou cris plus violents, selon le degré de gêne.

Conseils de copine

Que répondre à tante Sophie quand elle vous dit :

« Laisse-le pleurer, ça lui fait la voix. »

- « Je déteste Caruso ! »

« Laisse-le pleurer, ça lui développe les poumons. »

- « Le but n'est pas qu'il devienne champion du monde d'apnée ! »

« Laisse-le pleurer, tu vas en faire une lavette. »

- Même pas la peine de répondre.

Dois-je le prendre tout de suite dans les bras ?

Comment choisir entre le désir instinctif d'aller réconforter son bébé et ce que dictent les deux ou trois neurones restant d'un cerveau maternel (« non, non, tu dois attendre un peu ») ?

En répondant à la demande de son bébé, on lui fait comprendre que l'on est là pour le réconforter et l'aider. Halte-là aux discours qui affirment que répondre trop vite à son enfant, c'est fabriquer un futur capricieux ou un assisté. Si bébé comprend qu'il y a quelqu'un en qui il peut avoir confiance, il sera apaisé et aura confiance en lui. Les recherches démontrent que les bébés dont les besoins sont satisfaits apprennent à exprimer sainement leurs attentes (sans pleurer !).

Pourtant, il fera un réel progrès en apprenant à se consoler tout seul, en trouvant en lui la force de se calmer (une tétine, un doudou, un pouce peuvent lui apporter ce soulagement).

Une présence discrète et compatissante, voilà la bonne attitude d'une maman parfaite, non ?

Quand rien n'y fait

Il pleure. En général, cela se passe en fin d'après-midi, quand vous-même êtes pressée pour donner le bain, préparer le repas, etc.

Vous avez mené l'enquête et essayé d'apporter des solutions : il a été changé, il a bu, il n'a pas trop chaud, l'environnement est calme.

Vous le bercez, vous le promenez, vous le câlinez. Rien à faire.

Ce type de crise est classique, ce sont « les pleurs du soir », qui proviennent du besoin qu'a bébé d'évacuer tout le stress de la journée, toutes les tensions qu'il a éprouvées (excitation, fatigue, grande joie, etc.). Cela ne vous arrive jamais à vous d'avoir envie de vous décharger d'un trop-plein d'émotions ?

C'est dans ce genre de situation que le stress ou le mal-être de l'enfant devient contagieux : maman s'énerve, impuissante, et la tension monte.

Laissez-le reprendre son calme, dans sa chambre, en venant voir de temps en temps si tout va bien. S'il n'y parvient pas, vous pouvez le porter, le promener de pièce en pièce, à la condition que vous arriviez à rester zen...

Il faut admettre ces crises passagères, elles sont inévitables, et essayer de les vivre au mieux, sans culpabiliser et sans en rajouter.

Pour mieux comprendre : voir chapitre « coliques », page 165.

Les pleurs du bébé

Chez le bébé un peu plus grand, de nouveaux types de pleurs peuvent apparaître. C'est la dure loi du progrès : plus on se développe, plus on perfectionne ses angoisses. Passés les problèmes primaires (faim, soif, caca, dodo), on entre dans le monde merveilleux des soucis métaphysiques : je veux attirer ton attention, j'ai besoin d'affection, je m'énerve, etc.

« Je n'arrive pas à empiler mes cubes »

Dès le plus jeune âge, les bébés sont mis devant le fait accompli : « Dans la vie, on ne fait pas toujours ce qu'on veut, mon vieux. » Si Petit Loulou n'arrive pas à faire ce qu'il souhaite (ses capacités physiques, sa coordination, etc., l'en empêchent), il peut se mettre dans une rage folle : tout était tellement plus facile avant, dans le ventre de maman !

Solution : l'encourager en l'aidant sans le lui montrer. Lui dire que ce qu'il arrive à faire est déjà formidable. (Mère au cœur gonflé d'orgueil : « Bravo, mon Doudou, tu arrives à attraper monsieur Lapin !!! »)

« Hé, ho, je m'ennuie ! »

Dès qu'il est capable de rester éveillé quelque temps, bébé est avide de découvertes. Ne le laissez pas dans son lit, mais profitez du fait qu'il reste encore immobile pour le trimballer partout dans son transat. Il adorera regarder maman faire la vaisselle, préparer à manger, faire le ménage, et tout autre activité si divertissante (je ne dénoncerai personne mais je connais des mamans qui, pendant des mois, ont préparé le dîner en faisant le petit train ou en chantant tout le répertoire de Mary Poppins...).

Donnez-lui également plein d'objets amusants : hochet, petites peluches, cuillères en bois.

Petits jouets pas chers et très divertissants

- Une petite bouteille en plastique contenant quelques trombones, cailloux ou haricots secs (attention : bouchon archi vissé).
- Le tube en carton d'un rouleau d'essuie-tout vide.
- Une boîte de cotons-tiges bien fermée.
- Des petits bracelets en plastique.
- Toutes sortes de boîtes qui s'ouvrent et se ferment.
- Des emballages en carton des aliments (ceux des produits pour bébés ont de jolis dessins à regarder).

« Ah, tu m'empêches de toucher ce que je veux, je vais faire un scandale ! »

Frustration, frustration. C'est sans doute un des sentiments les plus douloureux éprouvés par les petits. Pour leur sécurité, pour leur éducation, les parents fixent des limites et imposent que l'on ne touche pas, en vrac, aux prises, aux lampes, aux gonds des portes, aux bibelots, etc. Bébé doit cependant apprendre à vivre avec ce sentiment. À vous de savoir le limiter en écartant de lui les tentations et en le félicitant pour ses réussites.

« Non, maman, ne me laisse pas ! »

Bien vite, bébé va connaître du chagrin à vous voir partir. Il est entendu de dire que vers 8 mois, il découvrira « l'angoisse de la séparation », c'est-à-dire la peur de ne pas vous voir revenir lorsque vous le quittez. Bien entendu, cette « crise » prend des proportions différentes selon chaque enfant : certains pleurent lorsque leur mère quitte la pièce pour passer dans celle d'à côté, d'autres ne la réclament même pas au bout de deux jours. Dans un cas, comme dans l'autre, pas d'inquiétude, tout cela est passager.

Plus tard, les pleurs du petit enfant

À partir d'un an, l'enfant commence à jouer avec vos sentiments et sait moduler ses effets. De plus, à cet âge, les angoisses et autres peurs (du noir, des monstres, des personnes qu'ils ne connaissent pas, etc.) apparaissent, instaurant ainsi de nouvelles séances de larmes.

Tétine or not tétine?

Il y en a qui trouvent leur pouce dès le berceau. Pour se réconforter, ils ont toujours ce qu'il leur faut sous la main... Pour d'autres, la tétine reste la solution miracle qui calme les pleurs, chasse les angoisses... Avant sa naissance, vous y étiez totalement opposée... maintenant, les choses sont bien différentes !

Petits noms qu'on lui donne

- Sucette
- Tototte
- Lolotte
- Sussu
- Bouchon à bébé
- Ramène-la-paix (*Pacifier* pour les Américains)
- *... complétez la liste.*

Pourquoi en ont-ils besoin?

Dès sa vie utérine, le fœtus suce ses doigts... Une fois né, l'enfant continue à satisfaire son besoin de succion, en dehors du sentiment de faim. La bouche étant une des zones érogènes primaires, elle représente une source de plaisir et de bien-être. Les tétées ne sont pas suffisantes pour le combler...

Vous cédez… et vous culpabilisez !

Difficile pour vos nerfs (déjà mis à rude épreuve par le manque de sommeil) de supporter de longs moments de pleurs et de vous sentir impuissante pour les calmer. Renonçant à vos beaux principes (mon enfant ne sera pas bouché par du plastique !!!), vous donnez une tétine à Bibounet, et là, miracle… le calme revient. Ne vous flagellez pas : vous n'avez pas cédé à la facilité. Vous n'avez fait qu'assouvir un besoin de réconfort de votre bébé. Rien à blâmer dans cette démarche…

Comment la choisir ?

Le premier conseil est de choisir une tétine de qualité pour éviter tout risque d'anomalie qui pourrait être dangereuse (risque d'en avaler un bout par exemple).

Choisissez une forme physiologique ou anatomique, très souple pour ne pas abîmer le palais, et dont la collerette est bien aérée pour éviter que l'humidité n'irrite la bouche.

Le caoutchouc a un petit goût qui peut déplaire à l'enfant et se ramollit au fil des stérilisations. Le silicone est sans goût mais peut se fendiller… De toutes façons, il faut en changer au moindre signe d'usure.

Est-ce un piège pour les parents ?

Au début vous apprécierez que votre bébé se calme et trouve le sommeil… Plus tard, vous regretterez peut-être qu'il ne puisse se rendormir si sa tétine lui échappe au milieu de la nuit. Pour cela, les « accroche-tétine », qui permettent de relier l'objet du délit au pyjama, peuvent être très utiles : l'enfant doit apprendre à remettre son « bouchon » tout seul. Il existe également un risque que l'enfant garde la tétine en bouche tout le temps pour ne pas avoir à faire l'effort de la reprendre…

Les parents doivent savoir fixer les limites : au moment de l'acquisition de la parole, il est important de bien expliquer qu'on ne peut pas parler avec quelque chose dans la bouche...

Comment le sevrer

Plus la dépendance est forte, plus le sevrage sera difficile... Il faudra procéder par paliers : ne prendre sa tétine que pour dormir, la retirer quand on lit une histoire... et féliciter chaque progrès : tu grandis, tu n'as plus besoin de ta téti !

Attention ! Il s'agit de bien choisir le moment pour le « sevrer » : pas au cours d'un déménagement, d'une naissance ou d'un problème familial.

Le match pouce vs tétine

La tétine :

- peut se stériliser ;
- peut être jetée une fois que l'enfant l'a décidé ;
- les tétines modernes sont étudiées pour ne pas déformer le palais ;
- peut être oubliée (attention au drame ! Vous pourrez faire des kilomètres pour retourner la chercher... ou écumer les pharmacies de nuit pour en trouver une d'urgence !!!).

Le pouce :

- est gratuit ;
- ne peut être perdu ;
- ne peut pas bouillir ;
- est toujours disponible...

Acte 8

C'est quoi ce bouton ?

«Atchoum, atchoum, atchoum !»
Eh bien, dis donc, mon Loulou, tu ne serais pas enrhumé, toi ?
Nez morveux, yeux qui coulent, humeur chagrine…
votre petit a tout l'air d'être bien pris. Que faites-vous ?
Et vous, comment allez-vous faire ?

Vous dans votre rôle de maman

Maman 1 « *Mouche ton nez!* »

Oh, on ne va pas s'inquiéter pour un simple rhume ! Il faut dire qu'au jardin d'enfants, tous ses petits copains avaient le nez plein ces derniers jours... et comme ils s'échangent leurs sucettes, vous n'êtes pas étonnée ! Puisqu'il n'y a pas grand-chose à faire, le petit ira à la crèche comme d'habitude.

➔ Un rhume est vite attrapé, surtout pour les enfants en collectivité. Cela n'a rien de grave en effet. En revanche, veillez à bien nettoyer son nez pour éviter que l'infection ne se développe et ne « tombe » sur ses bronches.

Maman 2 « *Un lait chaud et au lit.* »

Aujourd'hui, vous allez le garder au chaud, lui nettoyer le nez régulièrement et attendre que cela passe... Vous savez qu'en ces circonstances, il est grognon et râleur : vous avez une bonne excuse pour le câliner et le gâter !

➔ Contre le rhume, il n'y a pas grand-chose à faire hormis ce que vous avez prévu. Vous avez raison de ne pas vous inquiéter car si elle est gênante, la rhinite n'a rien de bien méchant.

Maman 3 « *Pourvu qu'il ne fasse pas une bronchite!* »

Vous le couvrez tellement qu'il va finir par faire de la fièvre. Vous détestez quand votre enfant est malade : vous culpabilisez et vous sentez vous-même mal à l'aise. Du coup, vous redoublez d'attention pour lui : ne te fatigue pas trop, arrête de courir tu vas transpirer, etc.

➔ Pas de panique ! N'en faites pas une maladie !!! Avec quelques précautions, cette petite rhinite sera oubliée dans deux jours. Ne couvrez pas trop votre petit : comme les enfants bougent beaucoup, ils ont très vite chaud et transpirent rapidement. Ainsi, ils risquent de prendre froid !!!

Mon ami le pédiatre

Parallèlement à votre amour grandissant pour Prunelle-de-vos-yeux, l'inquiétude pour sa santé va commencer à ronger votre cœur. Si vous avez mis au monde une petite machine aussi bien finie et performante, ce n'est pas pour qu'elle tombe en panne. L'oreille aux aguets (« Tiens, elle a éternué 3 fois de suite ? » « Comment ça bobo, maman ?? T'as mal où ??? »), l'œil perçant (« C'est pas une pustule, ça ? Ah non, c'est juste une miette de brioche »), vous serez vigilante. Pourtant, il faut se rendre à l'évidence, votre pédiatre va rapidement devenir votre meilleur ami.

Choisir son pédiatre

Même si votre enfant est en bonne santé, vous aurez à le consulter souvent : visites obligatoires, vaccinations, évolution du régime alimentaire, etc. À vous de bien le choisir. Outre ses compétences de médecin, vous devrez prendre en considération d'autres critères :

- La proximité de votre domicile : les pédiatres ne se déplacent pas. Si vous devez transporter un bébé chaud comme une bouillotte, mieux vaut que le trajet soit court.
- Le bon contact qu'il établit entre vous et votre bébé : certains sont aussi sympathiques que des camions réfrigérés et vous regardent avec des yeux éberlués quand vous osez leur poser une question somme toute assez naïve. Changez tout de suite. D'autres ont l'air tellement blasés qu'ils ne s'extasient même pas devant la 8e merveille du monde (votre enfant). Changez encore plus vite.
- Sa capacité à vous prendre en urgence (nous leur rendons hommage ici pour la flexibilité dont ils font toujours preuve).
- La taille et le confort de la salle d'attente : chez le médecin, on est rarement pris à l'heure… et rien de pire que ces pièces où parents et enfants toussant et pleurant sont serrés comme dans une boîte de sardine.

De nombreux centres de PMI (Protection Maternelle et Infantile) sont également à votre disposition en France : les soins y sont gratuits et les sages-femmes, les infirmières et les médecins qui s'y trouvent sont là pour assurer le suivi de la santé des femmes enceintes, des enfants (vaccinations, examens oculaires et auditifs, surveillance de la croissance et de la prise de poids, etc.) et de leur épanouissement social.
Les coordonnées de ces centres sont disponibles dans les mairies, les organismes sociaux, les hôpitaux.

La visite chez le pédiatre

Une visite chez le pédiatre peut être un moment stressant pour bébé (qui se souvient que « blouse blanche » est associé à « piqûre ») et pour vous (ne rien oublier, ne pas avoir l'air trop gourde, maîtriser bébé excité). Pour que cela se passe au mieux, prévoyez un emploi du temps qui vous laisse un peu de marge et pensez à emporter :

- le carnet de santé ;
- des couches de rechange ;
- un biberon d'eau ;
- le doudou ou autre jouet divertissant ;
- une liste des questions qui vous sont venues à l'esprit depuis la dernière visite.

En cas d'urgence

Une maman « Parfaite » se doit d'être prévoyante. Même si elle ne vous sert jamais, préparez-vous une petite liste des numéros d'urgence et placez-la à proximité de votre téléphone.

Soyons fatalistes. Malgré toutes vos précautions et votre bienveillance, bébé va inévitablement connaître quelques petits soucis de santé (maladies infantiles, rhumes, boutons). Bien entendu, il est toujours conseillé de consulter son médecin quand on constate que bébé ne se sent pas bien. Sur un très jeune enfant, il est difficile (surtout pour ses parents) d'évaluer le degré de gravité d'un symptôme.

Numéros de téléphones utiles :

SAMU : 15

Pompiers : 18

Pédiatre : ....

Médecin généraliste : ....

Centre antipoison : ....

Les maladies et autres bobos

Dans le Top 50 des petits bobos et autres réjouissances, vous passerez sûrement par différentes étapes.

L'érythème fessier

Comment cela se présente ?

La peau est extrêmement rouge, à vif. L'enfant souffre beaucoup et a du mal à accepter les soins.

Les causes

- L'irritation par l'urine et les selles, l'effet occlusif et abrasif des couches.
- L'irritation par la diarrhée, produisant des selles dont l'acidité brûle la peau.

- Les champignons (surtout Candida) qui se développent sur un érythème non ou mal traité.
- Les poussées dentaires.

Que faire ? L'avis du spécialiste

- Après chaque selle et si possible à chaque change, faites une toilette très douce des fesses et des cuisses, pour respecter la couche cornée fragilisée. Utilisez un produit non irritant sans rinçage ou de l'eau tiède.
- Rincez scrupuleusement. Séchez très doucement par tapotements.
- Laissez bébé les fesses à l'air le plus possible, si la température le permet, sur une serviette éponge dans son parc.
- Protégez ensuite la peau en appliquant abondamment une crème protectrice, à base d'oxyde de zinc, dont les propriétés sont isolantes, couvrantes, non occlusives et apaisantes. En présence de champignons, une pommade spécifique doit être prescrite.

Les coliques

Comment cela se présente ?

Il s'agit d'une douleur abdominale qui se manifeste par une crise de pleurs. Souvent, elle survient en fin d'après-midi ou le soir (elle peut aussi se produire dans la journée ou même durer une partie de la nuit), sans raisons apparentes. Après sa tétée ou son biberon, Bébé s'endort satisfait, mais se réveille rapidement, et commence à pleurnicher, puis son visage devient très rouge, il fronce les sourcils et ramène les deux jambes contre le ventre comme s'il avait très mal ou encore comme s'il poussait pour aller à la selle et hurle pendant un laps de temps plus ou moins long.

La crise peut durer plusieurs minutes voire une à trois heures, même si l'on prend l'enfant dans ses bras. Elle se termine brusquement, l'enfant paraît alors se rendormir, puis les symptômes recommencent et le phénomène se répète plusieurs fois.

Souvent pendant l'accès douloureux, l'enfant émet de nombreux rots et gaz, cherche à téter, ce qui peut induire en erreur car vous pouvez penser qu'il a faim. Si vous lui proposez le sein ou le biberon, il n'en prend cependant que très peu. Il se calme un instant et puis tout recommence.

Ces coliques dites « des 3 premiers mois » disparaissent en règle générale de manière spontanée. Elles sont si fréquentes que les pédiatres les considèrent comme normales, bien qu'elles soient éprouvantes pour les parents.

Les causes

- Lait mal adapté à l'enfant.
- Mauvaise évacuation de l'air entré dans l'estomac pendant des pleurs ou durant la tétée, l'air passant dans l'intestin et provoquant ainsi des contractions douloureuses.
- Angoisse de l'arrivée de la nuit.
- Accumulation des tensions de la journée.
- Rythmes du sommeil non encore trouvés.
- Douleurs abdominales dues aux petits reflux et gaz accumulés dans la journée
- Sensations de faim.
- Une certaine immaturité du tube digestif.

Que faire ? L'avis du spécialiste

Essayez toutes les méthodes qui vous permettent généralement de calmer l'enfant pendant la journée :

- Lui changer ses couches.
- Le bercer.
- Marcher en le tenant sur votre épaule.
- Lui faire entendre de la musique.
- Le promener dans son landau.
- Essayer la sucette : votre bébé a peut-être besoin de téter tout le temps.
- Lui donner un bain : certains bébés se détendent dans l'eau.
- Ne pas proposer tout le temps à manger pendant les heures des pleurs. Cela n'a qu'un effet transitoire et risque surtout de décaler tous les horaires. Ce ne sont pas des pleurs de faim. En fait, l'enfant n'a pas envie de manger mais de sucer quelque chose : cela le calme d'où l'intérêt dans certains cas de la tétine, qui n'est qu'une solution de dépannage. Si l'enfant a tété depuis moins de 3 heures, inutile de lui proposer à nouveau à boire, cela risquerait d'augmenter encore ses troubles digestifs.
- Ne pas se précipiter au premier cri, le laisser se rendormir seul.
- Consulter votre médecin rapidement si vous ne pouvez plus supporter les crises nocturnes de votre bébé. Celui-ci vous rassurera sur l'état de santé de votre bébé et prescrira éventuellement un calmant approprié. Voyez avec lui si un léger sédatif serait indiqué pour vous ou pour votre bébé.
- Attention, n'utilisez aucun médicament sans avoir consulté votre médecin.

Le truc de la bonne copine

- Prenez soin de vous-même. Dormez pendant la journée, si cela est possible. Les soirées seront pour vous moins difficiles.
- Essayez de supporter les pleurs et de les faire supporter au voisinage.
- Relaxez-vous, invitez chez vous de bons amis à ce moment de la journée; une atmosphère détendue vous calmera peut-être, vous et votre bébé.
- Parlez à d'autres parents dont les enfants ont eu autrefois des coliques. Leur expérience pourra vous aider.

La fièvre (les convulsions)

Comment cela se présente ?

L'enfant est chaud, rouge; il transpire. Il change de comportement, pleure, s'énerve, ou au contraire est somnolent, sans entrain. Il a soif et refuse de manger.

La fièvre est un mécanisme de défense de l'organisme : elle est donc utile à la guérison. Cependant, au-delà d'un certain seuil, elle peut être dangereuse, surtout chez le petit enfant, et provoquer des convulsions, tant redoutées par les parents. On considère que la fièvre doit être combattue efficacement et rapidement au-delà de 38 °C.

Les causes

Une infection, une attaque microbienne.

Que faire ? L'avis du spécialiste

- Mesurer la température avec un appareil de mesure précis, comme le thermomètre rectal électronique (attention : le thermomètre auriculaire, très pratique et rapide n'est pas efficace en cas d'otite).
- Prendre la température à intervalles réguliers, y compris la nuit.

Pour se repérer : la température d'un enfant varie entre 36 °C le matin et 37,5 °C le soir. Des facteurs extérieurs peuvent l'influencer comme l'activité physique, les repas ou le climat.

Gravité de la fièvre : plus l'enfant est petit, plus la fièvre est à surveiller de près. Chez un nourrisson (surtout le premier mois), les risques de déshydratation sont si grands qu'il vaut mieux ne pas tarder à appeler le médecin. Consultez donc en cas de toux, de vomissements ou de diarrhées, de pleurs inexpliqués, de refus de boire ou de s'alimenter.

En revanche, chez un enfant plus grand, la fièvre élevée n'est pas synonyme de gravité de la maladie. Il sera cependant nécessaire de consulter si la fièvre ne baisse pas au bout de 24 heures, si vous n'en trouvez pas l'origine, si d'autres symptômes se manifestent.

Pour faire baisser la température

Découvrez l'enfant (laissez-le en body), vérifiez que la température de la pièce est fraîche (19 °C). Donnez-lui à boire (s'il refuse de boire de l'eau, mettez de côté vos principes diététiques et donnez-lui des jus de fruits ou de l'eau sucrée).

Utilisez un médicament pour faire baisser la fièvre : paracétamol ou aspirine (prescrit par votre médecin à l'occasion d'une visite). Aujourd'hui, il n'est plus recommandé d'associer les deux types de médicaments.

Donnez les doses correspondant au poids de l'enfant, régulièrement (toutes les 4 ou 6 heures, selon la posologie ou la prescription). Surtout, respectez ce délai : dès que l'effet du médicament est terminé, la fièvre remonte en flèche et ces variations brutales peuvent être dangereuses.

La technique du bain frais peut être utilisée : on place l'enfant dans un bain dont la température est inférieure de 1 à 2 degrés à celle de l'enfant. Le bain doit être rapide et ne pas se prolonger si l'enfant n'est pas à l'aise.

Les convulsions en questions

Quelles sont les causes des convulsions ?

Jusqu'à 2 ans, le système nerveux des enfants est immature : il ne supporte pas bien les températures très élevées dues à la fièvre et, surtout, la rapidité de ces accès. Seuls certains enfants sont prédisposés à convulser pendant la fièvre (sans doute un terrain familial) et le phénomène risque de se reproduire à chaque fois. Ces convulsions hyperthermiques ne doivent pas être confondues avec les convulsions « sans fièvre », qui entrent dans le cadre de maladies plus graves, voire de l'épilepsie.

Pourquoi les parents en ont-ils si peur ?

Les crises sont très impressionnantes : bébé pâlit brusquement, se raidit, ses yeux se révulsent. Il perd connaissance puis est agité de secousses. Une fois la crise passée (elle ne dure en général pas plus de 5 minutes), l'enfant sombre dans un profond sommeil. Toutefois, des formes atténuées peuvent se manifester : l'enfant éprouve juste une raideur, devient simplement pâle ou a une brève perte de conscience. Ces crises effraient parce que les parents non avertis pensent tout de suite à des convulsions épileptiques.

Comment réagir ?

Il faut bien sûr tenter de garder son calme et user de tous les moyens pour faire baisser la fièvre : bain, nudité, médicaments (aspirine ou paracétamol).

Il faut appeler le médecin pour qu'il vérifie qu'il s'agit bien de convulsions dues à la fièvre. Il prescrira d'autres médicaments si la crise a été particulièrement longue ou si elle se répète souvent.

Le rhume

Amie intime de l'hiver ou des simples rafraîchissements de climat, la rhinite est une maladie des plus banales : vous et votre bébé la fréquenterez plusieurs fois par an !

Le traitement se borne à nettoyer le nez par des instillations de sérum physiologique et l'utilisation du mouche-bébé. On peut également utiliser des antiseptiques locaux, en spray.

La rhinite peut s'étendre et devenir une rhino-pharyngite qui s'accompagne alors de fièvre. Il convient donc de faire baisser la température tout en soignant la rhinite. Des complications sont possibles et peuvent toucher tout le système ORL (otite, laryngite, etc.).

Les autres maladies inévitables

Outre les visites obligatoires chez le pédiatre, vous serez certainement amenée à le rencontrer pour traiter des maladies qui semblent inévitables.

- Les maladies fréquentes : otite, rhino-pharyngite, allergies, constipation et diarrhée, etc.
- Les maladies infantiles : rubéole, rougeole, roséole, oreillons, varicelle, etc.

La pharmacie de base

L'arrivée de bébé, voilà une bonne occasion de trier sa pharmacie. Si vous êtes du genre à jeter pêle-mêle les boîtes restantes dans un tiroir de la cuisine après un traitement, ou encore si la moitié de vos tubes sont périmés, vous allez me faire le plaisir de faire un peu de vide là-dedans ! Et d'abord d'investir dans une armoire à pharmacie qui se fixe au mur, en hauteur, et dont les portes se ferment avec une clé.

Ensuite, vous en profiterez pour vous débarrasser de tout ce qui n'est pas nécessaire (en l'apportant au pharmacien). En revanche, vous ajouterez des remèdes et autres accessoires spécifiques aux enfants. Merci bien !

Prenez un papier, un crayon, et notez

- un antiseptique qui ne pique pas pour nettoyer les plaies ;
- des compresses stériles et du coton hydrophile ;
- des pansements prédécoupés et du sparadrap ;
- des bandes velpeau ;
- des pansements type Stéri Strips (à poser sur une plaie en attendant une suture) ;
- des pansements type Stop-hémo ;
- du sérum physiologique en dosettes ;
- de l'éosine aqueuse et une crème pour l'érythème fessier ;
- un baume calmant pour les poussées dentaires ;
- un liquide de réhydratation en cas de diarrhées ;
- une paire de ciseaux à bouts ronds ;
- une crème contre les ecchymoses ;
- une crème contre les brûlures (Biafine) ;
- un collyre antiseptique ;

- un thermomètre ;
- de quoi faire baisser la fièvre comme le paracétamol, l'aspirine ou l'ibuprofène.

Pour leur faire avaler la pilule

- Les sirops sont les formules les plus faciles à administrer : en général, ils sont agréablement parfumés et les enfants les apprécient. Donnés à la cuillère ou avec une pipette, ils peuvent sembler bons. Certains même en redemandent ! Cependant, leur texture parfois un peu gélatineuse peut déranger quelques palais : on peut alors les diluer avec un peu d'eau et les donner dans un petit biberon.
- Les comprimés peuvent être broyés (avec un pilon ou un rouleau à pâtisserie) : la poudre obtenue est ensuite mélangée à du yaourt, de la banane écrasée ou tout autre aliment qui plaît à l'enfant.
- Les suppositoires sont, quant à eux, assez difficiles à utiliser. En général, le suppositoire ressort immédiatement après avoir été inséré : en tenant bien serrées les fesses de Bibou, on peut le lui faire garder.

Certains bébés ont parfois une mauvaise expérience face au suppositoire : la fois suivante, leur anus est plus fermé que le coffre de la Banque de France. Essayez de les divertir, de détourner leur attention pendant l'opération, même si les mêmes bébés semblent équipés d'un sonar qui les prévient de l'arrivée d'un intrus.

Truc

Conservez les suppositoires au réfrigérateur. Ainsi, ils ne se ramolliront pas trop vite au contact de vos doigts et vous éviteront d'avoir à insérer une purée glycérinée dans l'orifice hostile.

Les vaccins

Le calendrier des vaccinations marquera autant d'occasions de rencontrer votre médecin, ou de vous rendre au centre de PMI. Vacciner signifie protéger, et tenir à jour le carnet de santé de l'enfant (en ne l'oubliant pas lors des visites et en ne le perdant pas...), il est important pour la santé à venir de votre petit chéri.

			VACCINATIONS OBLIGATOIRES pour les nourrissons nés à partir du 1er janvier 2018								
	Âge approprié	1 mois	2 mois	4 mois	5 mois	11 mois	12 mois	16-18 mois	6 ans	11-13 ans	14 ans
	BCG										
VACCINATIONS OBLIGATOIRES	Diphtérie-Tétanos-Poliomyélite										
	Coqueluche										
	Haemophilus Influenzae de type b (HIB)										
	Hépatite B										
	Pneumocoque										
	Méningocoque C										
	Rougeole-Oreillons-Rubéole										
	Papillomavirus humain (HPV)										

BCG (Tuberculose) La vaccination contre la tuberculose est recommandée à partir de 1 mois et jusqu'à l'âge de 15 ans chez certains enfants exposés à un risque élevé de tuberculose.

Diphtérie-Tétanos-Poliomyélite La vaccination des nourrissons comporte deux injections à l'âge de 2 mois (8 semaines) et 4 mois, suivies d'un rappel à l'âge de 11 mois. Les rappels ultérieurs sont recommandés à l'âge de 6 ans, puis, entre 11 et 13 ans.

Coqueluche La vaccination des nourrissons comporte deux injections à deux mois d'intervalle, à l'âge de 2 mois (8 semaines) et 4 mois, suivies d'un rappel à l'âge de 11 mois. Un rappel de ce vaccin est recommandé à l'âge de 6 ans avec une dose de vaccin diphtérie-tétanos-coqueluche-poliomyélite (DTCaPolio2). Le rappel entre 11 et 13 ans est pratiqué avec le troisième rappel diphtérie, tétanos et poliomyélite, avec un vaccin à doses réduites d'anatoxine diphtérique et d'antigènes coquelucheux (dTcaPolio3). Toutefois, les enfants n'ayant pas reçu de rappel coquelucheux à l'âge de 6 ans devront recevoir un vaccin DTCaPolio entre 11 et 13 ans.

Infections invasives à Haemophilus influenzae de type b La vaccination du nourrisson comporte deux injections à 2 mois d'intervalle, à l'âge de 2 mois (8 semaines) et 4 mois, suivies d'un rappel à l'âge de 11 mois. Cette vaccination est effectuée pour tous les enfants, en combinaison avec les vaccins diphtérique, tétanique, poliomyélitique, coquelucheux acellulaire et hépatite B. Un rattrapage vaccinal peut être effectué jusqu'à l'âge de 5 ans.

Hépatite B Cette vaccination est obligatoire chez l'enfant depuis le 1er janvier 2018. Si la vaccination n'a pas été effectuée au cours de la première année de vie, elle peut être réalisée jusqu'à 15 ans inclus. À partir de 16 ans, elle est recommandée uniquement chez les personnes exposées au risque d'hépatite B.

Pneumocoque La vaccination contre le pneumocoque est obligatoire chez l'enfant à partir du 1er janvier 2018. La vaccination par le vaccin pneumococcique comporte deux injections à deux mois d'intervalle à l'âge de 2 mois (8 semaines) et 4 mois suivies d'un rappel à l'âge de 11 mois.

Méningocoque C La vaccination contre les IIM de sérogroupe C est obligatoire chez l'enfant à partir du 1er janvier 2018. Cette vaccination est effectuée, de manière transitoire chez le nourrisson à 5 mois suivie d'une dose de rappel à l'âge de 12 mois.

Rougeole-Oreillons-Rubéole Cette vaccination est obligatoire chez l'enfant depuis le 1er janvier 2018. Chez les nourrissons, la première dose est administrée à 12 mois, quel que soit le mode de garde. La seconde vaccination constitue un rattrapage pour les enfants n'ayant pas séroconverti, pour un ou plusieurs des antigènes, lors de la première vaccination.

Papillomavirus humain (HPV) La vaccination est recommandée chez les jeunes filles âgées de 11 à 14 ans avec un rattrapage jusqu'à 19 ans inclus.

Grippe La vaccination est recommandée chaque année pour les personnes à risque y compris les enfants à partir de 6 mois, les femmes enceintes et pour toutes les personnes âgées de 65 ans et plus.

Pour en savoir plus : www.vaccination-info-service.fr

Voyage, voyage

Ces vaccinations valent pour la France et les pays européens. Si vous avez l'intention d'emmener votre enfant à l'étranger, prenez toutes les précautions requises en consultant votre médecin.

Notes

Acte 9

Y'a plus de place dans le break !

Tiens, il fait beau cet après-midi ! L'air est doux, l'herbe est fraîche… Pour profiter de ce joli mois de mai, vous décidez d'aller promener Petitbout au parc. Un coup de fil à votre copine Sidonie pour lui proposer de vous rejoindre avec sa petite et hop, vous êtes partie.

Mais comment vous équipez-vous ?

Et vous, comment allez-vous faire ?

Vous dans votre rôle de maman

Maman 1 « *Les mains dans les poches.* »

Vous aimez la liberté ! Vous installez Titi dans son porte-bébé, vous fourrez une couche, un biberon, un jouet dans votre sac à dos et vous voilà en route. Vous vous rendez au parc à pied : c'est un peu loin, mais cela vous fait du bien de marcher, et puis, le petit adore regarder le paysage.

➜ Vous aimez improviser, bravo pour votre dynamisme ! C'est vrai, bébé n'a pas besoin de grand-chose pour passer un bon moment avec vous : pensez cependant à emporter un petit gilet pour le couvrir si le temps venait à se rafraîchir. Une casquette ou un bob seraient les bienvenus pour le protéger des premiers rayons de soleil. Si votre sac à dos est assez grand, prenez un tapis de plage pour pouvoir vous asseoir sur l'herbe.

Maman 2 « *Une poussette bien remplie.* »

Vous préférez assurer et prévoir toutes les éventualités : vous prenez la poussette de bébé, au cas où il veuille y faire une petite sieste. Dans le filet à provisions, vous entassez une couverture, un chapeau, un appareil photo, un goûter consistant, etc.

➜ Vous aimez le confort… et bébé en profite. Lors des promenades, le temps peut changer (s'il se met à pleuvoir, la protection plastique de la poussette sera la bienvenue), et il faut pouvoir s'occuper. Votre équipement semble parfaitement convenir.

Maman 3 « *Un vrai déménagement !* »

Vous chargez votre voiture : il vous faut tellement de choses ! Le thermos des vêtements de rechange, une petite trousse de pharmacie, etc. Si vous le pouviez, vous prendriez son lit à barreaux pour qu'il fasse une sieste confortable !

➜ Tout ce barda ne vous décourage-t-il pas ? Allégez-vous un peu et pensez un peu plus à votre confort : bébé n'a pas besoin de tout ça ! De quoi se couvrir, jouer et manger, ça lui suffit !

En poussette

Dans le premier chapitre, nous avons évoqué le choix de la poussette et les critères à prendre en considération avant son achat (pliage, encombrement, poids).

Faisons maintenant un topo sur les différents « véhicules » qui permettent de promener bébé, de son plus jeune âge jusqu'à ce qu'il marche tout seul.

Choisissez la situation qui vous correspond le mieux.

J'habite à la campagne, je circule sur des chemins caillouteux et accidentés. Je choisis une poussette « 4 x 4 », dotée de grandes roues fixes à pneus gonflables. Les suspensions sont souples ce qui permet d'amortir les chocs. Attention, ce genre de poussette est assez encombrant et peu polyvalent. Les roues ne pivotent pas, ce qui la rend difficilement utilisable en ville.

Je veux pouvoir faire mon jogging ou du roller en promenant bébé. Personne ne vous croira ! Enfin, si vous avez encore l'illusion que vous ferez du sport pendant la promenade, continuez de rêver. En revanche, si vous voulez vous la jouer « je suis très dynamique », optez pour une poussette « sportive », à trois roues, aux pneus gonflables. Ce type de modèle convient aussi à celles qui vivent à la campagne (voir plus haut). En ville, elle est très encombrante et ne passe pas partout.

J'habite en ville, je prends les transports en commun. Il vous faut une poussette à roues pivotantes, légère (il faut souvent la soulever pour entrer dans le bus ou passer un trottoir un peu élevé) et facilement pliable.

Ma fille a 1 an et j'en ai marre de pousser son tank. Il vous faut une poussette canne, très légère et peu encombrante. C'est l'idéal pour prendre les transports en commun, faire les boutiques, etc.

Des conseils pour bien choisir

En général, on achète un châssis qui correspond à ses besoins et, au fur et à mesure de l'évolution du bébé, on adapte le « siège » qui convient le mieux à son âge.

Bien sûr, toutes les marques vous proposent des formes particulières, avec plus ou moins d'accessoires, de positions possibles, etc. Mais en général, tout tourne autour de 3 possibilités :

Type	Âge	En plus...
La nacelle	de 0 à 6 mois	Peut servir de siège-auto (voir plus bas) ; peut faire office de lit pendant quelques semaines, voire quelques mois.
La coque	de 0 à 9 mois	Peut être utilisée comme siège-auto (voir plus bas). Même si elle est très pratique pour les petits trajets ou les déplacements assez courts, ne pas laisser bébé trop longtemps dans sa coque : la position « arrondie » n'est pas idéale pour son dos.
Le hamac	dès que bébé se tient assis	Assise qui servira le plus longtemps (jusqu'à 3 ans environ).

Petits détails

- Vérifiez la facilité de fixation des éléments sur le châssis.
- Prenez un modèle dont on peut varier l'inclinaison (le hamac doit pouvoir basculer en position allongée).
- Choisissez un modèle à double position : face mère et face route.
- Veillez si possible à ce que le harnais soit rembourré aux épaules et à l'entrejambe.

Les règles d'or de la PPM (Parfaite Petite Maman) en balade

Règle n°1 : Quand votre enfant est suffisamment grand pour s'asseoir et que vous le promenez dans le hamac de votre poussette, ATTACHEZ-LE pour tous les trajets, même les plus courts. Il ne manquerait plus que Bibounet glisse de son siège et que vous continuiez votre chemin sans lui (là, non, j'arrête, c'est vraiment impossible !).

Règle n°2 : Couvrez Titi quand vous le promenez en hiver ou pendant les saisons fraîches. Si vous suez comme un bœuf en poussant sa charrette (surtout en côte), lui est immobile et peut donc prendre froid.

Règle n°3 : En été, ne laissez pas sa poussette au soleil (la nacelle fera office de cocotte-minute), surtout si elle est de couleur sombre.

Règle n°4 : Prenez l'habitude de bloquer les freins de la poussette dès que vous êtes à l'arrêt. Cela deviendra un automatisme et tout risque de dégringolade sera éloigné.

Les accessoires indispensables de la poussette

Le filet à provision (se trouve en général sous la poussette)

Très vite, vous ne pourrez plus vous en passer. D'abord, vous allez vous rendre compte que porter des sacs de courses et pousser l'engin est incompatible si l'on exclut l'idée de se scier les poignets avec les anses. Ensuite, vous allez prendre la mesure de l'infinie contenance de ce filet : vous pourrez entasser les menues affaires de l'enfant (biberon d'eau ; kit de change ; petite couverture, etc.), mais aussi 2 kg de pommes, un filet de patates, 1 baril de lessive, 2 baguettes… quitte à transformer ladite poussette en « Objet Roulant Non Identifié ».

La capote anti-pluie

Évidemment, elle est plus ou moins utile selon l'endroit où vous vivez (on l'utilise plus à Compiègne qu'à Nice), mais c'est un accessoire qu'il convient de laisser en permanence dans la poussette, une petite ondée est toujours imprévisible. Apprenez à manipuler la capote chez vous, tranquillement, pour être sûre de maîtriser l'engin au moment où vous en aurez besoin.

L'ombrelle

Son usage est inversement proportionnel à celui de la capote anti-pluie. Même si presque toutes les poussettes sont équipées d'un « canopy » (sorte de petite capote pliable), l'ombrelle est pratique puisqu'elle est orientable, ce qui évite au Pitchoun d'être aveuglé par les rayons venant en face de lui. Attention cependant, l'objet peut rapidement devenir une source de conflit dès que les petits doigts agiles dudit Pitchoun auront compris que c'est un objet orientable et qu'il est très drôle de tester toutes ses positions...

Les trucs de la bonne copine

- Renseignez-vous bien auprès de votre magasin, quelques mois avant votre accouchement, pour être sûre que le modèle que vous souhaitez est en stock. Certains coloris demandent un délai de fabrication plus long.
- Osez sortir du bleu marine ou du vert bouteille !
- En été, placez une serviette éponge dans la coque ou sur le hamac de la poussette, bébé ne sentira pas le contact de sa peau nue sur le tissu souvent un peu raide.
- Soyez certaine que le tissu est lavable.

À pied : le porte-bébé

Il peut arriver que vous ayez assez d'énergie pour envisager une promenade sportive, voire une randonnée pour vous oxygéner. Pour cela, pas question de sortir avec le char à bébé, vous devez avoir les mains libres et donc opter pour la solution porte-bébé.

Plusieurs modèles sont disponibles, adaptés aux usages et aussi à l'âge de l'enfant. Quel que soit votre choix (ventral pour les premiers mois, dorsal dès qu'il sait tenir assis, ou latéral pour être plus originale), vous devez prendre en compte plusieurs éléments et surtout :

- Tester la maniabilité du produit : il faut pouvoir l'installer facilement, même seule.
- Vérifier que la tête du bébé sera bien soutenue.
- Choisir un modèle lavable.
- Vérifier si l'enfant a assez d'espace pour respirer et qu'on peut l'enfiler avec des vêtements de différentes saisons, les tenues d'hiver étant plus épaisses.
- S'assurer qu'il possède au moins deux positions : visage face à vous ou face à la route.
- Prévoir que bébé grandira : à l'achat, bien regarder l'âge et le poids inscrits sur l'étiquette. On a le choix : on se procure un modèle ajustable dès maintenant ou on planifie d'acheter un nouveau modèle d'ici quelques mois, selon nos caractéristiques préférées.
- Vérifier s'il permet d'allaiter ou s'il faut en retirer le bébé.
- Plus les anses sont rembourrées, mieux vous les supporterez sur vos épaules.

Mais attention ! Que cette liberté (des mains) ne vous fasse pas oublier que votre chargement est précieux !

Avec un porte-bébé dorsal, ne vous penchez pas en avant même pour ramasser un coquillage rarissime !

N'allez pas jouer au basket !!

Ne prenez pas le volant !!!

En caddie

Pendant les premières semaines et les premiers mois, vous allez peut-être profiter de vos séances de courses au supermarché comme d'une bouffée d'air et d'une sortie hyper excitante (on est peu de chose). Sachez apprécier chaque opportunité !

De 0 à 9 mois

Vous mettez bébé dans sa coque et la coque dans le caddie : vous n'avez plus de place pour mettre vos courses mais vous avez les mains et l'esprit libres.

De 9 mois à 2 ans

Bébé tient assis et se met dans le siège enfant du caddie : vous pouvez bourrer votre chariot mais bébé jette par-dessus bord tout ce que vous achetez.

Après 2 ans

Bébé ne veut plus s'asseoir dans le siège enfant du caddie, il se met debout, veut descendre, etc. : vous l'asseyez dans le chariot et il ouvre tous les paquets de biscuits et prend lui-même des articles dans les rayons (non, ce n'est pas moi qui ai acheté des couches pour incontinent !).

Conseils de sécurité

La coque placée en équilibre au-dessus du caddie n'est pas vraiment une bonne idée : imaginez qu'un client hyper pressé percute votre chariot dans sa course folle ?

Certains supermarchés proposent des coques pour bébé adaptées au caddie (il faut demander à l'accueil). Quand l'enfant est assez grand pour exiger d'être dans le chariot, demandez-lui de rester assis et de ne pas laisser dépasser bras ou jambe hors de l'engin.

En voiture

Mode de transport par excellence, votre voiture aura besoin de quelques équipements afin de pouvoir transporter Pupuce sans danger. En effet, depuis le 1er janvier 1992, il est obligatoire d'utiliser des systèmes homologués pour faire voyager les enfants de moins de dix ans et ce quel que soit le véhicule. Ça tombe bien, tous les fabricants mettent l'accent sur la sécurité, ce qui est notre préoccupation principale, à nous aussi.

Le siège-auto

Le siège-auto est comme la poussette : il s'adapte à l'évolution de l'enfant. Pour le choisir, il faut prendre en compte non pas l'âge de l'enfant, mais son poids.

1. **Nacelle ou lit-auto (groupe 0) :** c'est le moyen de transport idéal pour un nourrisson (jusqu'à 6 mois) lors des longs trajets, car la position couchée semble être la plus confortable pour lui.

2. **Siège-auto ou « coque » (groupe 0 ou 0+) :** pour transporter les nourrissons jusqu'à 13 kg.

3. **Siège-auto groupe 0+/1 ou groupe 1 :** s'utilise de la naissance jusqu'à 18 kg. Avant 6 mois, il est préférable d'utiliser la nacelle pour les longs trajets.

4. **Siège-auto groupe 0/1/2 :** il s'utilise de la naissance à 25 kg.

5. **Siège-auto groupe 1/2 :** il s'utilise de 9 à 25 kg.

6. **Siège-auto groupe 1/2/3 :** il s'utilise de 9 à 36 kg.

7. **Siège-auto groupe 2/3 ou « réhausseur » :** il s'utilise de 15 à 36 kg. Les sièges de type 2,3 et 4 se fixent dos à la route jusqu'à 9 kg à l'avant (airbag désarmé) ou à l'arrière du véhicule. Puis face à la route à partir de 9 kg à l'arrière du véhicule.

Quel que soit le modèle choisi

Entraînez-vous à le mettre et le retirer de la voiture (surtout en ce qui concerne les nacelles et les coques que vous déplacerez fréquemment). Pour les sièges-autos à proprement parler, l'idéal serait de ne jamais avoir à les déplacer (surtout si votre véhicule n'a que 3 portes !).

Est-il utile de rappeler qu'un enfant, quel que soit son âge, doit être attaché pour un trajet en voiture, même de courte durée ?

Petits accessoires qui rendent plus belle la vie des bébés voyageurs

- Le cale-tête ou le « tour de cou » sont très utiles aux tout-petits qui prennent la route alors qu'ils ne tiennent pas encore leur tête ou aux enfants plus grands pendant leur sommeil.
- Le rétroviseur de surveillance (se fixe à côté du rétro intérieur mais vise bébé) évite aux mamans de se contorsionner pour voir si tout va bien derrière.
- Le vide poche qui se fixe au siège devant bébé : permet de fourrer biberon, petits biscuits, joujoux... et tout l'attirail nécessaire.

Pour les longs trajets en voiture

Sur la route des vacances, vous ferez peut-être partie de ces hordes de juilletistes ou d'aoûtiens qui longent les autoroutes au bitume fondant, dans leur voiture pleine à ras bord (vous savez, ceux qui passent dans les reportages des journaux télévisés, et à qui on demande au péage : « Alors, c'est pas trop dur les embouteillages ? – Ben oui, mais on est en vacances ! Alors ... »).

Pour que le long voyage en voiture ne vire pas à l'épopée sanglante, soyez prévoyante. (Si le papa s'occupe de faire faire la révision et de mettre du carburant, vous, vous êtes responsable du confort des passagers. À moins que vous ne soyez responsable de tout.)

Un des dangers de la voiture est la déshydratation par coup de chaleur : ne laissez pas Junior dans une voiture à l'arrêt, vitres fermées sous le soleil. Pour les trajets de longue durée, arrêtez-vous fréquemment pour aérer la voiture et faire boire bébé. En cas de grandes chaleurs, essayez au maximum de circuler de nuit ou prenez l'option climatisation !

Si vous partez en montagne : faites un palier à mi-altitude pour éviter le problème des « oreilles bouchées », très pénible pour les tout-petits. Donnez à boire aux nourrissons ou du chewing-gum à ceux qui sont assez grands.

Que vous ayez des enfants ou non à bord, respectez les conseils qui indiquent de faire des pauses régulières... pour se reposer, se détendre (les gosses qui hurlent derrière le conducteur sont un stress supplémentaire). Les aires d'autoroutes proposent de plus en plus d'activités, de jeux, afin de dégourdir les jeunes enfants. Profitez-en un maximum.

Si vous ne conduisez pas, faites une étape du trajet assise sur la banquette arrière, avec bébé, pour jouer avec lui sans vous tordre le cou.

Munitions à prévoir pour un long voyage en compagnie d'un petit monstre

- Eau (de préférence dans une bouteille isotherme en été), spray d'eau minérale (celui prévu pour votre accouchement est encore rempli ?).
- Des chansons entraînantes sur CD, MP3...
- Serviettes éponges (si vous n'avez pas de pare-soleil, une serviette éponge coincée dans la fenêtre arrière est très efficace. Vous pouvez également l'humidifier.).
- Petits joujoux distrayants selon l'âge.
- Doudou.
- Petites choses à grignoter.
- Couverture pour trajets en hiver.
- Lingettes pour essuyer mains collantes, front, transpiration ou petit vomi.

Le voyage en train nécessite à peu près les mêmes conseils que le long voyage en voiture. En revanche, des astuces sont spécifiques au trajet en avion.

En avion

Bébé peut prendre l'avion dès sa deuxième ou troisième semaine de vie : demandez tout de même à votre pédiatre s'il n'y voit pas d'inconvénients.

Quand vous voyagez avec un bébé, le personnel de la compagnie aérienne redouble d'attentions pour vous : vous embarquez avant tout le monde, on vient vous voir fréquemment pour savoir si tout va bien.

En revanche, votre pouvoir de mère n'ira pas jusqu'à faire partir le vol à l'heure ! Prévoyez donc que l'attente sera longue avant de monter dans l'avion : équipez-vous de tout le nécessaire (couches, lingettes, jouets, biberons, vêtements de rechange, etc.).

Si bébé est tout petit et que le vol n'est pas long, faites-le voyager dans son porte-bébé : à votre contact, il ne se rendra peut-être même pas compte de son périple. En revanche, pour un long courrier, renseignez-vous sur les possibilités lors de la réservation : peut-on emporter la nacelle du landau? La compagnie fournit-elle des « baquets » spéciaux?

Atterrissage et décollage

Quelle que soit la solution choisie, vous devrez attacher le petit contre vous, avec une ceinture spéciale, lors de l'atterrissage et du décollage : demandez à une hôtesse de vous aider si vous ne parvenez pas à l'attacher toute seule.

Toujours lors de l'atterrissage et du décollage, la pression varie (on a les oreilles bouchées) : les adultes savent lutter contre ce phénomène, en bâillant par exemple, mais les enfants en sont incapables. Pour éviter ces désagréments (qui peuvent être assez douloureux pour les bébés, d'autant plus s'ils sont enrhumés), donnez-lui un biberon ou sa tétine. De manière générale, donnez-lui à boire régulièrement car l'atmosphère des avions est très sèche.

Pendant le vol

Pendant le vol, l'attitude de l'enfant va dépendre de son âge : les tout-petits peuvent s'endormir, mais les plus grands auront très vite envie de se dégourdir les jambes. Laissez-les aller et venir dans les couloirs, pour éviter l'énervement et les pleurs (des cris dans une cabine pressurisée génère un stress bien plus fort qu'à l'accoutumée). En général, personne n'aime entendre un bébé pleurer, mais dans un avion... On peut d'ailleurs se livrer à une petite étude des regards que lancent les voisins de cabine :

- Le regard assassin du cadre dynamique qui voudrait lire ses mails au lieu d'entendre votre enfant pleurer.
- Le regard meurtrier de la mère qui a réussi à endormir son propre monstre.
- Le regard complice de la grand-mère qui en a connu d'autres.
- Le regard envieux des amoureux qui ne connaissent pas encore ce bonheur...

Prévoyez tout ce qu'il faut pour donner à manger au Petit-cœur : grignoter quelques petites choses fait passer le temps (tant pis pour les règles diététiques !).

Offrez-lui un nouveau petit jouet qui occupera son attention pendant un bon moment. Les compagnies aériennes vous donnent également de quoi divertir les petits : livres de coloriage, petits jeux...

Petits trucs pour réduire le volume de vos bagages

Vous aviez déjà du mal à partir en week-end avec moins de deux sacs pour vos petites affaires. Maintenant, vous allez y être O-BLI-GÉE. Voici quelques conseils :

- Les marques de cosmétique ne sont pas avares en échantillons : profitez de leur générosité et rangez précieusement toutes ces minidoses en prévision d'un week-end ou de vacances hors de la maison.
- De nombreux magasins vendent toute une gamme de petits flacons en plastique vides : pour deux ou trois jours, vous n'avez pas besoin d'emporter la méga bouteille de lait nettoyant pour bébé ou le maxi tube de shampooing.

- Pour les céréales du biberon de bébé, pensez aux dosettes individuelles.
- Emportez des jouets, mais les moins volumineux : expliquez à Loulou que le « maxi-garage » doit rester à la maison.
- Tant pis si vous ne stérilisez pas les biberons pendant deux jours. Pensez aux pastilles de stérilisation à froid ou utilisez la cocotte-minute de votre cousine (voir page 95 pour le mode d'emploi). Achetez des biberons jetables (pliés en accordéon) : chers, mais archi pratiques.
- Laissez le chauffe-biberons à la maison, vous chaufferez le biberon ou la petite assiette de bébé au bain-marie dans une casserole d'eau bouillante.
- Les paquets de couches sont volumineux : tapissez le fond de votre valise ou comblez les « trous » entre vos affaires avec elles.

Notes

Acte 10

Et la chrysalide devient papillon…

Vous l'aviez posé sur son tapis d'éveil, au milieu du salon. Vous lisez deux ou trois pages de votre roman et jetez un œil sur Petit-cœur, 6 mois. Stupeur ! Il n'est plus sur son tapis mais a rampé sur plusieurs mètres et commence à vider l'étagère du bas de votre bibliothèque ! Il en a profité pour déchirer méticuleusement quelques pages de la collection de BD rares de son père…

Et vous, comment allez-vous faire ?

Vous dans votre rôle de maman

Maman 1 « *Trop drôle !* »

Ah, ce petit est vraiment marrant ! Vous admirez ses capacités : en se déplaçant ainsi, il découvre son autonomie. Vous allez l'encourager en lui laissant le champ libre : bien sûr, son papa ne sera pas ravi de voir ses livres abîmés, c'est pourquoi vous allez ménager dans les étagères un petit espace qui sera réservé au chérubin. Vous y placez de vieux magazines, des livres pour enfants qu'il pourra manipuler et déchirer à loisir.

➔ C'est vrai, les progrès de bébé passent par des expériences parfois peu favorables à la décoration de la maison ! Laissez votre bambin se déplacer partout où il le souhaite, tout en veillant toujours à sa sécurité. Placez des caches prises et des coins en plastique sur les arrêtes des tables.

Maman 2 « *Non, ne touche pas ça.* »

Vous avez décidé de trouver un compromis entre le laxisme et l'autorité : vous souhaitez avant tout veiller à la sécurité du petit mais aussi lui apprendre dès le début les limites à ne pas dépasser. Non, il ne faut pas monter debout sur le canapé. Non, un enfant ne doit pas tripoter la chaîne Hi-Fi, etc.

➔ Votre attitude paraît pleine de bon sens : donner des limites à un enfant, c'est le rassurer. Pour lui, tout est jeu, tout est découverte. Il doit connaître les dangers d'une maison et respecter les interdits. Même si cette phase d'apprentissage paraît pénible (on dit « Non » mille fois pas jour), elle est utile et même indispensable dans l'éducation.

Maman 3 « *Ne fais pas ça, tu vas te faire mal.* »

Avec vous, c'est simple : Bébé ne doit toucher à rien, de peur qu'il ne se blesse ou qu'il ne casse quoi que ce soit. Vous tressaillez à chaque fois qu'il se cogne sur un meuble ou qu'il trébuche.

➔ Oh la la, vous n'avez pas fini de vous stresser ! Les coups et les bosses font partie du quotidien de l'apprenti marcheur. Inévitables, vous devez apprendre à les dédramatiser : « Tu es tombé ? Ce n'est pas grave, mon lapin. Maman fait un bisou et on oublie tout ! » C'est en tombant que l'on devient un... tombeur !

Le développement psychomoteur

Vous avez beau adorer le regarder dormir toute la journée, votre nourrisson ne va pas rester longtemps aussi actif qu'une pantoufle. De toute façon, même en dormant, il n'arrête pas de bouger. Et puis, si vous l'avez mis au monde, c'est pour le voir se transformer en un grand gaillard/une jolie plante. C'est dire qu'il va y en avoir du changement !!

Toute l'évolution physique de Prunelle-de-vos-yeux va consister à passer de l'horizontal au vertical, du gigotage au mouvement organisé, du zigzag à la ligne droite. Tout cela est lié au développement de plusieurs éléments : son squelette, sa musculature, son système nerveux et ses sens. Son évolution « physique » est totalement liée à l'ensemble de ses acquisitions intellectuelles et affectives : plus il grandit, plus il sait faire de choses, plus il prend de place au sein de la famille et par là dans la société. En tenant debout, il peut aller voir ce qui est sur le dessus de la table et découvrir de nouvelles perspectives. Sa curiosité étant aiguisée, il fait un pas pour aller voir plus loin...

Ces apprentissages, bébé les fera de lui-même : c'est en testant mille fois sa capacité à se mettre sur ses genoux qu'il pourra passer à l'étape suivante, celle de la position debout. Votre rôle sera de l'aider, de le soutenir et de l'encourager dans ses efforts. Il consistera également à le protéger : délimiter le périmètre de ses expériences, baliser et déblayer le terrain...

Bien entendu, tout se fait progressivement, et chaque bébé parvient à ses fins en général au bout d'une année. Sans donner de repères trop précis (du type « à 4 mois, l'enfant sait faire ceci ou cela »), ce qui peut inquiéter certaines mamans dont le rejeton n'a pas encore accompli la performance, passons en revue les grandes étapes de la motricité.

Chacun son rythme

Précisons bien que les enfants ne sont pas OBLIGÉS de passer par ces étapes, qu'ils ont chacun leur rythme, que certains sautent carrément des niveaux puis bloquent sur d'autres, etc.

Les mamans, prises par leur amour viscéral et par leur tendre illusion d'avoir mis au monde un PBBDM (plus beau bébé du monde), font souvent la comparaison entre leur Merveille et celle des autres : « Le mien, il fait déjà ci, le mien il dit déjà ça, et gnagnani et gnagnana. » Soyez plus intelligente que ces Harriet Oleson (mais oui, la mère de la méchante Nelly dans *La Petite maison dans la Prairie*). Rengainez votre fierté et faites taire vos angoisses quand le vôtre fait moins bien que les autres. Ne commencez pas la compétition à 6 mois !!! Laissez-leur le temps de découvrir les rouages de notre monde de brutes...

« Ma petite maman, Je vois bien que tu passes tout ton temps à me regarder, que tu ouvres grand la bouche et que tu montres tes dents en faisant "ha, ha, ha !" à chaque fois que je bouge. Tu aimes bien quand je fais quelque chose de nouveau, comme la première fois où j'ai voulu t'appeler et que j'ai dit "Mamama" et où tu as pleuré. Alors, pour te faire plaisir, je vais te raconter tout ce que je sais faire. »

Itinéraire d'un bébé...

À la naissance

Pendant tout le temps que j'ai passé dans ton ventre, je me sentais si bien que je me suis laissé bercer par tes mouvements. De temps en temps, je faisais quelques étirements et j'ai testé plusieurs gadgets : mes mains, ma bouche, mes pieds.

L'avis du spécialiste

Après avoir beaucoup remué dans le ventre de Maman, après y avoir testé les principaux réflexes appelés « archaïques » (succion, déglutition, mouvements involontaires, etc.), Bébé naît en ayant déjà acquis de nombreuses compétences.

Quand on m'a sorti de mon petit nid, j'ai bien pleuré et un monsieur en blouse blanche m'a chatouillé de partout.

L'avis du spécialiste

Le pédiatre vérifie les réflexes dès les premiers jours : marche automatique (quand on soulève l'enfant, il pédale dans le vide), agrippement (si on met un doigt dans sa main, il le serre), fouissement (si l'on chatouille un coin de sa bouche, il tourne la tête de ce côté et commence à téter), et tant d'autres.

Ces réflexes vont progressivement s'estomper pour devenir des mouvements ou des actions volontaires. L'évolution se faisant du haut vers le bas : d'abord la tête, puis le dos, les bras et enfin les jambes.

1er mois

J'ai tout le temps sommeil et quand je me réveille, je remue un peu pour me détendre. Ma tête est lourde et je la soulève juste un peu, pour voir si tu es là ou si mon biberon arrive !

2e mois

J'étais content parce que tu me faisais un gros câlin, alors j'ai souri... et toi, tu m'as pris en photo !

L'avis du spécialiste

Le corps garde la position recroquevillée du fœtus, mais se déplie progressivement. S'il est sur le ventre, Bébé peut soulever légèrement sa tête quelques instants. Pendant les deux premiers mois, la durée de ce mouvement va s'allonger.

3e mois

Je n'arrête pas de bouger, comme si mes bras et mes jambes étaient électrifiés ! J'arrive à lever ma tête quand tu me tires par les mains et je la tourne pour suivre un objet des yeux (c'est fou tout ce qu'il y a à regarder !). J'arrive même à me tenir sur mes avant-bras quand je suis sur le ventre. J'ai envie de tout attraper, je tends les mains vers mon petit hochet mais j'ai du mal à le tenir. L'autre jour, j'ai vu papa me faire une grimace et j'ai bien rigolé. J'arrive à faire plein de sons avec ma bouche et tu me réponds.

L'avis du spécialiste

Le réflexe de l'agrippement est perdu mais même si le geste devient volontaire, attraper un objet demande plus de coordination entre la main et la vue.

4e mois

Je viens de réaliser un exploit ! Tu m'avais mis sur le dos et j'ai vu que mon doudou était à côté de moi, alors, je me suis mis sur le côté !!! Whaou, c'est génial ! C'était un peu dur, mais tout à l'heure, je suis même arrivé à me mettre tout seul sur le dos (d'accord, après j'ai pleuré parce que j'arrivais plus à repartir). Quand je suis sur le ventre, j'aime bien regarder autour de moi : il y a toujours plein de joujoux que je touche et que j'arrive à attraper. Quand je tiens quelque chose, je regarde dans tous les sens. Pour être sûr de l'avoir bien étudié, je le mets dans ma bouche au cas où il aurait bon goût ! Zut, ce petit cube est encore tombé !

5e et 6e mois

Je m'intéresse désormais à mes pieds : je les regarde et je cherche à les attraper.

Maintenant, je roule autant que je veux ! Du dos sur le ventre, du ventre sur le dos... je peux aller d'un coin de mon parc à l'autre ou jouer avec mon tapis d'éveil.

Si tu me cales bien avec des coussins, je peux rester assis sans m'écrouler. J'adore ça ! Je peux maintenant attraper un jouet tout seul s'il n'est pas trop loin de moi.

L'avis du spécialiste

La position assise et le fait de saisir un objet tout seul sont de grands progrès dans l'ouverture sur le monde : une nouvelle phase d'exploration commence alors.

7e et 8e mois

Depuis quelque temps, je tiens assis en équilibre un bon moment. J'arrive à attraper des tas de choses : j'adore secouer tout ce que je trouve, et surtout, le plus marrant, le faire tomber par terre. Après, je t'appelle pour que tu me le ramasses et je recommence. Pourquoi as-tu enlevé toutes les jolies choses qui se trouvaient sur la table basse ? Quand je suis par terre, je me mets à quatre pattes et je rampe pour aller voir quelque chose qui me plaît : j'adore regarder ce bébé qui rigole dans le miroir !

L'avis du spécialiste

À 8 mois, après avoir observé tous les objets sous tous les angles, bébé découvre la perspective et la triple dimension. S'il jette tout par-dessus bord, acceptez de ramasser pour qu'il remette ça : cette période sera de courte durée.

9e mois

Oh, comme je tiens bien assis tout seul ! J'arrive à m'accrocher aux barreaux de mon parc pour me mettre à genoux et essayer de me lever. Parfois, j'y arrive mais mes jambes ne tiennent pas longtemps et badaboum, je tombe sur mes fesses. Pourtant, je suis têtu et je recommence tout le temps. Ce que j'aime beaucoup aussi, c'est attraper de toutes petites choses : surtout les miettes de pain sur la table !

L'avis du spécialiste

À cet âge, le désir de se lever fait faire des progrès énormes : malheureusement, il faudra de très nombreux essais pour y parvenir. Pourtant, toutes ces tentatives sont autant d'exercices qui musclent les jambes et mènent à la réussite !

La main devient de plus en plus habile, d'autant plus que le pouce commence à être utilisé en association avec l'index pour former la fameuse « pince » si utile pour attraper les objets, aussi petits soient-ils.

10e mois

Incroyable ! Je reste debout en me tenant d'une main à quelque chose ! Tu as vu maman comme je suis fort ? Parfois, je me mets dans une rage folle parce que je n'arrive plus à m'asseoir ou à aller là où je veux. Je suis tellement doué que j'arrive à attraper des anneaux et à les empiler pour faire une pyramide (d'accord, elle s'écroule souvent parce que je tombe dessus, mais je me donne du mal).

L'avis du spécialiste

Les jambes ont acquis une musculature suffisante pour permettre au bébé de tenir un long moment debout. Il va même tenter quelques pas, en s'agrippant aux meubles ou en vous demandant de le tenir par la main. La position debout est la seule qui l'intéresse désormais.

11e et 12e mois

Hey ! J'arrive à lâcher mes mains quand je suis debout. C'est sûr, je ne tiens pas longtemps, mais j'améliore mes performances de jour en jour. Bientôt, je sens que je vais mettre un pied devant l'autre pour aller te rejoindre quand tu me tends les bras. Oh, tu as l'air tellement contente de me voir faire ça !

Je tombe beaucoup mais ce n'est plus un problème, j'arrive à m'asseoir, à me relever en posant mes mains par terre, et hop, c'est reparti !

L'avis du spécialiste

Voilà, la marche est presque acquise, elle mettra encore de nombreuses semaines pour être tout à fait sûre. Très vite, elle va s'accélérer et votre chérubin se transformera en petit bolide ! Du côté des mains, les mouvements deviennent de plus en plus complexes comme tourner une forme dans le bon sens pour qu'elle rentre dans le trou approprié.

Quiz

Testez vos connaissances sur le trotteur

1. On peut mettre un enfant de 4 mois dans un trotteur.

- ☐ Vrai
- ☐ Faux

2. Le trotteur est un formidable instrument pour aller à la découverte du monde.

- ☐ Vrai
- ☐ Faux

3. Le trotteur peut être dangereux.

- ☐ Vrai
- ☐ Faux

4. On peut laisser Bibou tout l'après-midi dans son trotteur.

- ☐ Vrai
- ☐ Faux

5. Les filles sont en général en avance d'un mois sur les garçons.

- ☐ Vrai
- ☐ Faux

Réponses :

1. *Faux.*

Il faut attendre que l'enfant tienne assis tout seul, c'est-à-dire vers 7 ou 8 mois. La tonicité de son dos doit être suffisante pour qu'il ne soit pas tout avachi dans le siège.

2. *Vrai.*

Le trotteur offre un début d'autonomie, l'enfant peut aller là où il veut dans la maison, venir quand on l'appelle, se griser de vitesse...

3. *Vrai.*

Aux commandes de l'engin, Petit Monstre va avoir envie de foncer dans tout ce qui se trouve devant lui. Attention aux escaliers, qui peuvent entraîner de graves chutes, ou aux pentes que l'enfant ne saurait pas maîtriser.

4. *Faux.*

Ses jambes ne peuvent soutenir un long effort et son dos a encore besoin d'être maintenu. Laissez-le jouer de 15 à 20 minutes (à la rigueur, plusieurs fois dans la journée s'il insiste vraiment).

5. *Vrai.*

Il va falloir s'y faire...

Conseils de sécurité

- **Quand il ne bouge pas** : Son transat doit être posé à un endroit stable, car bébé a parfois des mouvements brusques et incontrôlés. Si vous le laissez par terre, placez-le sur une surface agréable (pas directement sur le carrelage !), comme une couverture, ou un tapis d'éveil. Quand vous l'asseyez, bien calé entre des coussins, placez-en un également entre ses jambes : souvent, bébé se penche vers l'avant et tombe la tête la première.
- **Quand il rampe** : Son champ d'action s'étend, et les dangers de la maison se multiplient. C'est à ce moment que les caches prises commencent à être utiles et que les portes de placard doivent être fermées ou bloquées. Éloignez la caisse du chat ou la gamelle du chien.
- **Quand il se met debout et se tient aux meubles** : Posez des coins de protection sur les meubles anguleux (table, table basse). Scotchez les tapis au sol pour qu'il ne s'y prenne pas les pieds. Retirez les objets auxquels vous tenez et qui se trouvent à sa hauteur : bibelots, livres en bas d'une bibliothèque, télécommandes, etc.
- **Quand il marche** : Les conseils de sécurité restent les mêmes, mais vous lui avez sûrement enseigné où se trouvent les limites de ce qu'il peut ou ne peut pas toucher !

« Mamamamama... mamama... maman ! »

Outre l'énorme événement que constitue l'acquisition de la marche, une des performances les plus attendues chez l'enfant est l'apprentissage de la parole. Quel défi considérable !

Du cri au babillage, des syllabes distinctes aux mots bien formés, on peut considérer que tous les sons émis par le bébé sont une forme de langage, une communication qui tend à se structurer pour se transformer en véritable parole.

- *Vers le 6e mois de vie intra-utérine,* Petitbout entend déjà tous les sons qui parviennent jusqu'à lui : le bruit de votre cœur, vos glouglous digestifs, votre voix (qui se propage dans votre corps comme dans une caisse de résonance), celle des êtres qui vous entourent (et surtout la voix grave de papa), la musique et tout l'environnement sonore dans lequel vous baignez (tout cela lui parvient de manière atténuée, mais tout de même audible).
- *À la naissance,* de nombreux sons lui seront familiers, notamment votre voix, qui aura un grand pouvoir apaisant et rassurant pour lui. Son mode d'expression sera alors celui du cri et des pleurs, mais aussi toute la communication « muette » : gestes, mimiques, etc., qui vous font comprendre ce qu'il souhaite exprimer.
- *À 2 mois environ,* il commence à faire des vocalises, à roucouler... sans aucune maîtrise. Son système vocal (larynx, pharynx, langue, etc.) n'est pas du tout assez développé pour pouvoir émettre un son proche de la parole.

En revanche, l'échange s'installe, notamment avec la mère.

Commence alors la période des premiers « dialogues » :

- Bébé : « a a a rreur a reu reur ! »
- Maman : « a a a rreur a reu reur ? Mais oui, tu es content ! Comme tu parles bien !! »

- Bébé : « a a a rreur a a a a ! »
- Maman : « Bien sûr, mon chéri, tu as raison ! Moi aussi je suis contente de t'entendre. »
- ***Vers 3 mois,*** en revanche, bébé va pouvoir maîtriser sa respiration : son anatomie se prépare à la parole. Dès lors, ses sons s'enrichissent et de vraies voyelles apparaissent, bien distinctes. Il découvre son rire et commence à moduler des « discours » qui reprennent l'intonation du langage.

À noter

À cet âge-là, les sons émis sont internationaux ! Tous les enfants du monde prononcent les mêmes, bien que l'on trouve déjà trace de l'accent et des intonations de la langue maternelle.

- ***Autour de 5-6 mois,*** bébé commence à moduler volontairement son langage, il parvient à utiliser sa langue, qu'il s'amuse à faire claquer, il souffle et fait vibrer ses lèvres, il pousse des cris très aigus, puis chuchote... Enfin, il explore toute la gamme de ses possibilités.
- ***Vers 7 mois,*** il ajoute des consonnes et forme ainsi de vraies syllabes, répétées à l'infini : « ba ba ba ba », « ma ma ma ma »... (au palmarès des sons les plus fréquents, on trouve les voyelles « a » et « é » et les consonnes « m, n, p, d, k », associées à une grande variété de syllabes.)

Un jour, au milieu de tous ces discours, Amour-de-votre-vie va prononcer pour la première fois ce nom magique : « ma ma ». Votre cœur va bondir, fondre, ou bien exploser ! Dans votre élan de tendresse, vous allez presque oublier

que pour lui, cet appel n'était pas encore intentionnel. En revanche, en voyant votre réaction, il va comprendre que ce qu'il vient de dire a un certain pouvoir : celui d'attirer votre attention et de déclencher votre joie. C'est ainsi qu'il recommencera plusieurs fois jusqu'à parvenir à vous appeler réellement : « maman ».

Les études récentes montrent que ce babillage est un véritable langage : pour énoncer ces « morceaux de mots », c'est l'hémisphère gauche (centre de la parole) qui travaille alors que pour un gazouillis ou un sourire, c'est l'hémisphère droit (centre des émotions) qui est sollicité.

Pendant quelques mois, bébé va explorer toute l'étendue des possibilités offertes par l'association des voyelles et des consonnes qu'il est capable de prononcer. Variant le rythme, l'intonation, il va même enrichir ses essais en doublant par exemple une voyelle (aba, aka). Il va parler tout seul, se laissera charmer par sa propre voix...

- ***À partir de 9 ou 10 mois,*** le babillage se perfectionne encore, un net progrès et une prise de conscience s'accomplissent : les sons qu'il entend toute la journée sont porteurs de sens, les personnes et les choses ont un nom. Cette découverte va l'inciter à mémoriser les mots, à les comprendre lorsqu'ils sont mis en situation.
- ***Vers la fin de sa première année,*** il a assimilé une trentaine de mots, qu'il commence à identifier même hors de leur contexte.

Il faudra attendre environ jusqu'à 18 mois pour que l'enfant ait acquis une cinquantaine de mots et puisse en restituer quelques-uns. Cette longue période lui permet d'emmagasiner le vocabulaire, de faire le lien entre les choses et leur nom.

Un peu plus tard, vous ne pourrez plus l'arrêter de parler !!!

Parler maman, parler bébé

Naturellement, on module son discours selon la personne à qui l'on parle mais lorsqu'il s'agit d'un enfant, nous redoublons d'efforts. Toutes les mères du monde modifient leur voix et leur vocabulaire pour s'adresser à leur enfant : le rythme est ralenti, les phrases sont courtes, l'intonation exagérée et le tout est accompagné de mimiques très expressives. Ce phénomène est tout à fait normal et va se poursuivre pendant longtemps. Pourtant, il faut savoir poser des limites et ne pas passer du « parler maman » au « parler bébé » qui consiste à se mettre au niveau de Bibounet en croyant l'aider à comprendre.

À faire

- Moduler sa voix, avoir une intonation très chantante et un vocabulaire adapté :

  « Et où il est le biberon, hein ? Où il est ? Il est là, le biberon du bébé joli de sa maman. » Ne culpabilisez pas, tout le monde fait ça !

- Utiliser des mots simples, génériques, mais sans les déformer :

  « Regarde le joli chien ! »

- L'aider en lui donnant le bon mot :

  « Oh, tuture maman. »

  « Oui ma chérie, c'est la voiture de maman. »

À ne pas faire

- Parler au bébé comme à un voisin de chambrée :

  « Oh m… ! j'ai fait tomber ton biberon ! Ch'uis vannée. »

- Adopter son vocabulaire :

  « Oukilé le toutou ? Ohhhh, regarde le beau miaouuuuu !!! »

  Mieux vaut qu'il apprenne tout de suite que le mot chien est le bon, même si lui ne peut encore le prononcer.

- Essayer de lui faire prononcer un mot correctement alors qu'il ne peut pas encore le faire (il ne maîtrise pas encore tous les organes qui permettent de parler) :

  « On ne dit pas Tato, mais gâteau. Répète après maman : Ga-Teau ! »

  « Tato ! »

« Ze zoue ! »

Pour Petit-cœur, jouer, c'est apprendre, faire des expériences, développer son intelligence, grandir !

Pour lui, c'est une activité essentielle.

Évidemment, la première année de sa vie, votre bébé ne va pas ouvrir un jeu de société et faire une petite partie, tout seul, pour s'amuser. Non, non, non ! Jouer, c'est surtout JOUER AVEC MAMAN ! Bien sûr, il vous laissera quelques moments de répit où il concentrera toute son attention sur l'observation d'un objet, son fonctionnement ou sa manière de rebondir par terre. Mais le plus souvent, vous serez sa partenaire préférée. Car pour s'amuser, on n'a pas forcément besoin de grand-chose : une séance de chatouilles, une partie de « coucou » ou un épisode de « mes mains sont des marionnettes »... sont de grands moments de complicité ! En cela, jouer, c'est également communiquer et échanger.

En aparté

Tout petit, on aimait bien se promener au rayon jouets, au moment de Noël. Il y avait de belles poupées, de jolis petits trains en bois, d'intelligents jeux de réflexion. On rêvait de trouver quelques paquets dans nos souliers. Aujourd'hui, jeunes parents, on se trouve perdu dans un supermarché du joujou : si l'on trouve toujours de jolis baigneurs, ils sont si perfectionnés (Ninou fait pipi, caca, appelle maman, suce son pouce… et fait la vaisselle ?) qu'on les trouve moins innocents. Que choisir entre un « monstre venu d'une autre galaxie sur son scooter interplanétaire » et un « monstre venu du futur dans son vaisseau anti-attaque nucléaire » ?

En fait, le problème a déjà sa solution. Petit Loulou saura très bien vous indiquer, environ dès 3 ans, ce qu'il souhaite trouver au pied de l'arbre : il aura écrit sa lettre au Père Noël sur Internet !

À chaque âge son jouet

Bonne nouvelle : si les grandes marques de jouets connaissent toutes les ficelles pour faire craquer Prunelle-de-nos-yeux (oh regarde maman, je n'ai pas la poupée habillée en Pop Academy !), ils sont suffisamment experts pour parfaitement indiquer la tranche d'âge à laquelle un jouet s'adresse. S'il est noté « à partir de 18 mois », n'anticipez pas : rangez votre fierté dans votre poche et attendez l'âge requis pour l'offrir à votre enfant. Peut-être que certaines pièces sont dangereuses pour un enfant plus jeune et surtout, il ne sera pas apte à s'en servir. Le jouet sera donc inintéressant pour lui.

De la naissance à 6 mois

Disons que les 3 premiers mois, le Pitchoun ne pourra qu'observer, toucher ce que vous allez lui proposer. Ce sont ses sens qui vont lui donner un grand nombre d'informations : sons et couleurs sont à l'honneur. Hochets, objets à secouer, mobiles colorés sont amusants pour lui.

Dès qu'il peut tenir sa tête et rester un moment dans un transat, ses mains vont devenir son principal centre d'intérêt. Saisir un cube (et le relâcher tout de suite) ou un petit personnage en peluche sont très stimulants.

De 4 à 6 mois, sa tonicité augmente : placez-le sur un tapis d'éveil coloré où il pourra ramper, toucher différentes textures (tissu tout doux, qui gratte, etc.). Donnez-lui des objets faciles à manipuler, mais faisant du bruit quand on les presse ou quand on les secoue. Essayez les portiques, qui permettent de rester allongé tout en s'amusant avec ses mains.

De 6 mois à 1 an

Bibou est maintenant un petit aventurier. Il touche à tout, veut tout regarder, se déplace pour juger de plus près... Donnez-lui un tableau d'activités plein de bidules à tripoter, à faire couiner. Les fabricants proposent un choix très étendu, adapté à votre budget. Les jouets musicaux ont aussi la côte : xylophone lumineux, piano à touches clignotantes sont doublement intéressants puisqu'ils stimulent le toucher et l'ouïe.

Dès 8 ou 9 mois, il arrivera à attraper de petites choses entre son pouce et son index, ce qui lui ouvre de nouvelles perspectives de jeu : il peut commencer à utiliser une pyramide des anneaux.

Pensez également aux jouets qui lui permettent de prendre appui, comme les « pousseurs » ou les chariots à tirer.

Pour vos oreilles

Choisissez, de préférence, des jouets possédant un bouton ON/OFF. Très vite, vous serez agacée par ces musiques un peu gnan-gnan et vous apprécierez d'autant plus de pouvoir leur fermer le bec. Suppliez vos amis de ne pas lui offrir de tambour et soupçonnez le cousin qui lui donne un camion de pompier à la sirène hurlante de ne pas vous porter dans son cœur.

Notes

Acte 11

Allez, garde-le moi, même pour une heure!

Ce soir, vous êtes invités chez les Dufour et votre
baby-sitter habituelle vient de vous faire faux-bond.
Pas question d'emmener Titi chez le patron de votre mari :
vous imaginez mal le petit monstre aux doigts barbouillés
de chocolat dans le salon Louis XVIII de madame.
Vite, il faut trouver une solution !
Et vous, comment allez-vous faire ?

Vous dans votre rôle de maman

Maman 1 « *Ma voisine est une copine.* »

À force de vous emprunter mutuellement des œufs ou du sucre, vous avez sympathisé avec votre voisine, cette gentille mamie qui ne voit presque jamais ses petits-enfants. Du coup, votre Loustic est devenu son petit chéri. Elle a peut-être autre chose à faire ce soir, mais vous êtes sûre qu'elle sera ravie de vous rendre ce service, et puis, ce sera à charge de revanche...

Voilà une solution de rechange pratique et rassurante ! Cette maman a de la chance, mais si la voisine ne pouvait pas veiller sur Titi, elle n'aurait qu'à parcourir son répertoire : elle a l'habitude de dépanner ses copines, alors, elles peuvent lui rendre la monnaie de sa pièce !

Maman 2 « *Jamais prise au dépourvu.* »

Une maman organisée, ça peut réagir au moindre coup dur ! Telle est votre devise ! Vous avez prévu le coup et vous avez au moins deux autres jeunes filles sous le coude en cas de pépin. Un petit coup de fil, et hop, l'affaire est réglée. Vous lui donnerez un petit supplément pour la remercier de ce dépannage au pied levé.

Chapeau ! Anticiper, c'est souvent la meilleure des solutions ! En effet, mieux vaut alterner les baby-sitters pour que le petit soit habitué à plusieurs personnes et pour pouvoir retomber sur ses pattes en cas d'urgence.

Maman 3 « *Je n'y vais pas.* »

« Allô, chéri ? Appelle madame Dufour. Tu lui dis que j'ai vomi tout l'après-midi et que j'attends le SAMU. Enfin, tu trouves quelque chose à lui raconter parce que la baby-sitter nous lâche et que je ne vais pas laisser le petit tout seul. »

Pas de panique ! Il ne faut pas compromettre la carrière de votre compagnon pour un petit problème d'intendance ! Ne pouvez-vous pas pour une fois confier Petit chéri à votre belle-mère ? Votre sœur ne peut-elle pas passer prendre Titi en sortant du travail ?

Faire garder bébé

Il va bien falloir se faire à cette idée : vous allez reprendre le travail et vous allez devoir vous séparer de Petite Poupée. Bienvenue dans le monde impitoyable de la garde d'enfant ! Une jeune maman aimerait avoir autre chose en tête que ces préoccupations administratives. Pourtant, c'est en voyant à peine son ventre s'arrondir qu'il faut déjà réfléchir à la solution la plus adaptée à sa situation.

On a vu des jeunes femmes s'inscrire à la maternité avec leur test de grossesse en poche. On pourrait les voir prétendre à une place en crèche dans la même journée…

Quel mode de garde choisir ?

Pour bien choisir son mode de garde, de nombreux critères entrent en ligne de compte :

- ce que l'on souhaite pour son enfant (une structure collective, une garde individuelle ?) ;
- la marge de manœuvre laissée par le boulot (mes horaires sont-ils souples, tardifs, partiels ?) ;
- les moyens financiers dont on dispose.

À chaque maman sa solution

Juliette, maman de Lilas, 7 mois :

« Au début, c'était viscéral. Je ne pouvais pas la lâcher. Au bureau, je restais scotchée à sa photo, presque incapable de bosser. Et puis, j'ai vite vu que ma petite se sent très bien chez sa nounou. J'étais rassurée et j'ai pu prendre un peu de recul. Maintenant, j'essaye de profiter d'elle un maximum, le soir, et de ne pas culpabiliser dans la journée. C'est mieux pour elle… et pour moi ! »

Sigrid, enceinte de 5 mois :

« C'est fou, ma crevette est déjà inscrite à la crèche ! On m'avait raconté que cela se passait comme ça, mais je n'y croyais pas vraiment. Maintenant que j'ai vu les listes d'attente, je suis convaincue que nous vivons dans un monde de compétition : pas encore né, mon bébé devait être le premier arrivé ! »

Anne-Sophie, maman de Enzo, 2 ans et de Carla, 3 mois :

« C'est une décision que nous avions prise depuis longtemps, mon mari et moi. Nous souhaitions que j'arrête de travailler pour nous occuper des enfants. Après avoir été assistante de direction, me voilà à la tête de ma propre entreprise : courses, lessives, biberons, je gère ma maison comme une PME ! »

Faisons une petite étude comparative des modes de garde, en commençant par les structures collectives.

La crèche collective

Vous avez repris le travail très vite, votre petit a été accepté dans une crèche... Alléluia ! Très bien encadré, il sera très heureux de passer ses journées avec plein de copains.

En quoi cela consiste-t-il ?

Elles sont gérées par la ville, le département ou par des associations privées. Les enfants sont accueillis, pendant la journée, en fonction de vos heures de travail, à partir de 2 ou 3 mois et jusqu'à 3 ans. Les enfants sont regroupés par tranches d'âge et les groupes sont réduits (une dizaine en général). Dans la journée, de nombreuses activités adaptées leur sont proposées.

Horaires : en général, de 7 h 30 à 18 h 30 ou 19 h, ce qui est assez rigide et ne permet quasiment aucun écart (si vous avez des réunions tard le soir, il faudra vous organiser).

Coût : il est fixé par un barême national, en fonction des revenus. Pour 1 enfant, il revient environ à 0,06 % des revenus par jour, pour 2 enfants à 0,05 % par jour et par enfant. Le site de la CAF vous propose un outil de simulation sur son site internet (www.mon-enfant.fr, onglet « calcul du prix d'accueil »).

Si votre enfant est absent une journée, cette dernière est quand même due (sauf en cas de maladie et sur présentation d'un certificat médical, 5 jours peuvent alors être déduits).

Aides : pour tout renseignement sur les aides, les plafonds, les remboursements, rendez-vous sur le site de la CAF (www.caf.fr).

Les dépenses retenues correspondent au salaire directement versé à l'assistante maternelle et aux cotisations sociales payées ou aux sommes versées à la crèche ou la garderie (sauf frais de nourriture et d'entretien). Les frais de garde déclarés devront être diminués des aides perçues par les parents, notamment la prestation d'accueil du jeune enfant (PAJE).

Les places disponibles : dans les grandes villes, on compte 1 place pour 4 demandes. Un des critères de sélection est la date d'inscription... au terme du cinquième mois révolu, ne perdez pas une minute !

Qui s'en occupe ?

Les équipes sont constituées de professionnels : la directrice est une puéricultrice diplômée d'État (infirmière spécialisée par trois ans d'études) ayant 5 ans d'expérience professionnelle, ou un médecin. Elle est entourée d'auxiliaires de puériculture qui s'occupent des enfants au quotidien : une personne pour 5 enfants qui ne marchent pas, et une personne pour 8 enfants qui marchent. Un médecin est affecté à la crèche et vient régulièrement y faire des visites, un psychologue y est très souvent également attaché.

Quels sont les avantages ?

Le plus gros bénéfice que peut trouver votre enfant est celui de la collectivité, de la socialisation. Être en contact avec d'autres enfants est important pour son développement. Les équipes ont un projet pédagogique, suivi tout au long de l'année. Ce qu'on lui propose est varié, divertissant, et offre l'énorme avantage de vous éviter certaines activités, si intéressantes, surtout quand elles ne se font pas chez vous : peinture avec les mains, arrosage des plantes, piscine à balles...

Quels sont les inconvénients ?

Qui dit rencontre avec d'autres enfants, dit rencontre avec leurs microbes... et passe souvent tout l'hiver avec le nez qui coule ! À ce moment-là, il faut PO-SI-TI-VER : il aura déjà eu toutes les maladies infantiles en entrant à la maternelle !

Le hic, c'est que lorsque votre enfant est malade, vous devez le garder chez vous. Mais dites donc, si tout le monde respectait vraiment cette règle, les microbes ne circuleraient pas autant, non ? Hum, hum... Pour les petits, les journées sont fatigantes (bruit, agitation, etc.) et longues. Attention : les crèches sont souvent fermées en été. Faites coïncider vos plannings !

La crèche familiale

Vous aimez l'idée d'un compromis entre la socialisation et la convivialité que propose ce mode de garde. Attention ! Les places sont très rares !

En quoi cela consiste-t-il ?

Il s'agit d'un réseau d'assistantes maternelles agréées, encadrées par une directrice, infirmière puéricultrice diplômée d'État. L'assistante maternelle s'occupe de 1 à 3 enfants, de 2/3 mois à 3 ans.

La majeure partie du temps se passe chez elle (sieste, repas) et une autre partie peut se dérouler au sein d'une crèche collective.

Horaires : ils sont très souples et s'adaptent à votre emploi du temps, sans pour autant dépasser 10 heures par jour ou 50 heures par semaine.

Coût : il est fixé par un barème national, en fonction des revenus. Pour évaluer le montant de votre participation, utilisez l'outil de simulation du site de la CAF (www.mon-enfant.fr, onglet « calcul du prix d'accueil »).

Aides : reportez-vous page 224 (Aides Crèche collective). Places disponibles : les places sont encore moins nombreuses qu'en crèche collective. C'est dire s'il est difficile d'en trouver une ! Il faut s'inscrire auprès des services de la mairie et déposer une liste de choix par ordre décroissant.

Qui s'en occupe ?

Des assistantes maternelles diplômées d'État, assistées de puéricultrices et d'éducatrices, sous le regard de la directrice de la crèche. Cette « surveillance » est rassurante pour les parents : les assistantes maternelles sont contrôlées, encadrées ; elles assistent à des réunions ou à des entretiens individuels.

Quels sont les avantages ?

La socialisation, les activités... comme à la crèche collective, mais dans un cadre plus familial, douillet et convivial. La relation avec l'assistante maternelle est plus personnalisée et l'enfant profite de sa plus grande proximité.

Même malade, votre petit peut être gardé. Pendant les vacances d'été, il est pris en charge par une autre assistante maternelle.

Quels sont les inconvénients ?

L'assistante maternelle vous est imposée. Certaines sont très demandées... et vous n'aurez pas la chance de l'obtenir.

Les maladies, comme dans toute collectivité.

La crèche parentale

Vous avez envie de vous impliquer dans l'éducation de vos enfants, vous en avez le temps et les moyens ? Bravez les difficultés et lancez-vous !

En quoi cela consiste-t-il ?

Les parents, organisés en association, s'occupent de la crèche (à la fois du point de vue pédagogique et administratif). Ils participent à la garde des enfants, accompagnés par un professionnel. Chaque parent s'engage à être présent une demi-journée par semaine. La crèche parentale accueille 20 enfants au maximum.

Horaires : ils sont très souples, puisque les parents les fixent entre eux.

Coût : il dépend de plusieurs facteurs (crèche subventionnée ou non, loyers des locaux, etc.). À déterminer pour chaque cas particulier.

Aides : reportez-vous page 224 (Aides Crèche collective).

Places disponibles : peu nombreuses là encore. À moins de se lancer dans le projet de créer une crèche (il faut être TRÈS motivée pour suivre ce parcours du combattant : la mairie vous demande de créer une structure ayant les mêmes normes de travail et de sécurité qu'un établissement collectif...).

Quels sont les avantages ?

L'enfant est en collectivité et vous aussi ! Les parents apprécient de participer au projet pédagogique de leur enfant, de rencontrer d'autres familles. L'ambiance est chaleureuse.

Quels sont les inconvénients ?

La motivation : vous devez être disponible pour tenir votre engagement (1/2 journée par semaine) alors que vous payez presque plus que pour une crèche où vous n'auriez rien à faire...

La halte-garderie

Juste pour une demi-journée... juste pour se retrouver un peu et s'occuper de soi. Une aide ponctuelle mais indispensable !

En quoi cela consiste-t-il ?

Voici un mode de garde « partiel » : il s'agit d'une structure publique ou privée qui accueille des enfants de moins de 6 ans quelques heures par jour (pas plus de 5 demi-journées par semaine). Souvent, les crèches collectives ont une structure halte-garderie. Elles sont en général réservées aux mères qui ne travaillent pas, ou qui sont à temps partiel.

Horaires : il faut réserver sa place 48 heures à l'avance.

Coût : le prix des haltes-garderies est fixé par les municipalités. Selon l'endroit où vous habitez, il peut passer de moins de 1€ à plus de 4€ de l'heure.

Les tarifs sont modulables : à l'heure, à la demi-journée ou à la journée. Dans les garderies privées, les tarifs sont en général plus élevés.

Aides : reportez-vous page 224 (Aides Crèche collective).

Places disponibles : comme pour toutes les autres solutions, il faut s'y prendre à l'avance, se mettre sur liste d'attente…

Qui s'en occupe ?

L'équipe est constituée d'une directrice, une éducatrice de jeunes enfants, assistées par des auxiliaires puéricultrices.

Quels sont les avantages ?

Cette solution de « dépannage » peut devenir régulière. Elle permet par exemple aux mamans qui ne travaillent pas de prendre un peu de temps pour elles, et de socialiser un enfant qui a toujours été gardé à la maison.

Quels sont les inconvénients ?

Le manque de places avant tout…

L'assistante maternelle

Pour une relation très personnalisée avec votre enfant, cette solution est idéale. Il faut cependant arriver à trouver la perle rare...

En quoi cela consiste-t-il ?

La chasse au trésor

Les parents sont de grands enfants. Très joueurs, ils adorent se lancer des défis... trouver l'assistante maternelle idéale est un vrai challenge à relever !

Vous confiez votre enfant à une assistante maternelle agréée, ce qui signifie qu'elle a obtenu un agrément pour s'occuper de 1 à 3 enfants, chez elle, en fonction de son expérience, de la conformité de sa maison, du nombre et de l'âge des enfants, etc.

Elle a suivi une formation de 60 heures et l'agrément est fixé pour 5 ans, renouvelable. Des assistantes de la PMI la visite régulièrement pour s'assurer du bon déroulement de ses activités.

En tant qu'employeur de cette personne, vous assumez la gestion administrative de son salaire, ses congés payés, ses arrêts maladie, ses formations, etc.

Horaires : ils sont fixés en accord avec l'assistante, sur une base de 10 heures (un supplément horaire est demandé en cas de dépassement).

Coût : le salaire est établi d'un commun accord par l'employeur et l'assistante maternelle. Il doit être au moins égal à 0,281 fois le SMIC horaire, soit 2,78 € par heure et par enfant.

Le salaire mensuel brut de base est égal à :

(salaire horaire brut de base x nombre d'heures d'accueil par semaine x nombre de semaines d'accueil) / 12

Les négociations peuvent être serrées, d'autant que souvent, l'assistante maternelle est en position « de force » (vous avez déjà eu tellement de mal à en trouver une qui vous convienne...).

À savoir : en cas d'absence de l'enfant (sauf cas de maladie ou d'empêchement grave), vous devrez régler une « indemnité d'absence » (sur fourniture d'un certificat médical, 10 jours par an peuvent être non rémunérés en cas d'absence).

Aides : la Caisse d'allocations familiales (CAF) accorde des aides qui peuvent prendre deux formes. La première consiste en une exonération pour les parents employeurs de l'ensemble des cotisations patronales et salariales. Ainsi, seul le salaire net est vraiment à leur charge. À cela s'ajoute l'AFEAMA (aide à la famille pour l'emploi d'une assistante maternelle agréée), une allocation trimestrielle non imposable.

Le comité d'entreprise peut vous verser une aide allant jusqu'à 1900 euros par an.

Pour tout renseignement sur les aides, les plafonds, les remboursements, rendez-vous sur le site de la CAF (www.caf.fr).

Places disponibles : les assistantes maternelles sont nombreuses, mais comme dans toute relation aussi personnalisée, il faut avoir un « coup de cœur », ce qui n'arrive pas tous les jours. Pour une place à la rentrée, il faut chercher la perle rare dès le mois d'avril (si ce n'est avant...). Les municipalités vous fournissent la liste des assistantes, et proposent parfois des structures relais où l'on peut obtenir tous les renseignements nécessaires.

Quels sont les avantages ?

Vous établissez une relation « affective » avec cette personne : elle est très proche de votre petit et vous « remplace » en quelque sorte. Le fait qu'elle ait reçu un agrément est un gage de confiance et de sécurité. Si elle est dynamique, intéressante et motivée, elle peut faire découvrir beaucoup de choses à votre enfant, le sortir et l'éveiller. Elle respecte vos règles en ce qui concerne les repas, le sommeil, la propreté, etc. Si votre enfant est malade et qu'il n'est pas contagieux, elle le garde comme d'habitude.

Quels sont les inconvénients ?

Tout dépend de la personne que vous allez trouver : il faut accepter son univers, ses méthodes et sa motivation. Dans une relation aussi personnalisée, on est tenté de toujours comparer ses qualités de mères avec celles de l'assistante... et c'est parfois plus difficile de placer son enfant dans une relation exclusive avec une autre femme que soi (jalousie, quand tu nous tiens !).

L'enfant peut parfois manquer d'activités, de sorties, et bien sûr, du contact avec d'autres.

Les formalités à respecter

Le contrat de travail

- Il est primordial pour s'entendre et fixer tous les points qui pourraient devenir litigieux (les horaires, les dates des vacances, les jours fériés travaillés ou non, etc.).
- Vous pouvez vous procurer un modèle de contrat auprès des PMI, du Syndicat national professionnel des assistants et assistantes maternels (SNPAAM) ou de la Fédération nationale des particuliers employeurs (Fepem).

Déclaration à l'Urssaf

- Vous devez déclarer son embauche dans les 8 jours, grâce à un imprimé nommé « déclaration d'emploi d'une assistante maternelle ».

Déclaration nominative trimestrielle

- Envoyez chaque trimestre une déclaration nominative indiquant le nombre d'heures travaillées, ainsi que le salaire net horaire que vous aurez versé à votre employée.
- L'Urssaf calculera alors le montant des cotisations sociales que vous devrez verser.

Bulletin de salaire

- Pour vous aider à le rédiger, l'Urssaf vous fournit des bulletins simplifiés.

L'assurance

- Vérifiez que votre assistante maternelle ait souscrit une assurance responsabilité civile professionnelle et que son véhicule bénéficie d'une extension de cette assurance (si elle doit se déplacer).

La nounou à domicile (ou employée familiale)

Vous allez devoir trouver la perle à qui vous pourrez confier Prunelle-de-vos-yeux et les clés de votre maison... un mode de garde qui demande une grande confiance.

En quoi cela consiste ?

Vous employez quelqu'un à votre domicile qui est placé sous votre responsabilité. Vous négociez ensemble les horaires ainsi que les tâches ménagères que vous pouvez éventuellement lui confier en plus de la garde du (ou des) enfant(s) (tout cela est fixé par contrat).

***Horaires* :** la durée légale du travail est de 40 heures par semaine. Mais vous pouvez la définir selon vos obligations professionnelles.

***Coût* :** basé sur le SMIC horaire, le salaire est régi par la convention collective des employés de maison. Il varie en fonction de l'expérience, des responsabilités et des compétences. À ce salaire s'ajoutent 5 semaines de congés payés.

Vous pouvez la rémunérer à l'aide des chèques emploi services.

Pour réduire ce coût, vous pouvez penser à la garde partagée. Si vous connaissez une famille intéressée par ce mode de garde avec laquelle vous avez des affinités (proximité géographique, méthodes d'éducation similaires, etc., vous pouvez partager une même nounou, et ainsi en réduire les frais. Si les deux familles le souhaitent, la garde peut alors s'effectuer alternativement chez vous et au domicile de l'autre enfant.

Comment la recruter ?

Le plus souvent par petites annonces (que vous passez ou que vous consultez). Il existe également des organismes spécialisés, qui vous facilitent la tâche mais qui demandent des cotisations élevées. N'ayant pas d'agrément comme les assistantes maternelles, seule leur expérience est un critère de sélection. Comme pour tout recrutement, il vaut mieux rencontrer plusieurs personnes afin de trouver celle qui vous convient.

Évidemment, la tâche est délicate parce qu'en plus de lui confier Prunelle-de-vos-yeux, vous allez lui donner les clés de votre appartement... pas facile quand on ne connaît pas les gens !

Adressez vous également à :

- la FEPEM (la fédération des particuliers employeurs);
- la mairie de votre domicile ou l'ANPE.

Petits détails à prendre en compte lors de l'entretien d'embauche :

- Voyez comment se comporte votre enfant avec cette personne et comment elle-même lui parle, le regarde, etc.
- Racontez-lui votre mode de vie (vos horaires, votre conception de l'éducation) et demandez-lui tout de suite si elle serait d'accord pour accomplir quelques tâches ménagères (repassage, courses, etc.)
- Demandez-lui quelles sont ses références et vérifiez-les!

Aides : Le site www.service-public.fr vous indiquera les réductions d'impôts (montant et plafond) dont vous pouvez bénéficier.

Procédure

Ainsi commence le parcours du combattant :

- se déclarer comme employeur auprès de l'Urssaf;
- envoyer chaque trimestre une déclaration nominative indiquant le nombre d'heures travaillées, ainsi que le salaire net horaire que vous aurez versé à votre employée. L'Urssaf calculera alors le montant des cotisations sociales que vous devrez verser;
- établir un contrat de travail en spécifiant la nature du travail, sa durée, les horaires, et les congés;
- s'assurer que votre future employée est affiliée à la Sécurité Sociale. Si cela n'est pas le cas, vous précisez cet état à l'Urssaf,

et elle vous enverra son numéro d'immatriculation sous les 8 jours;

- faire une demande pour obtenir les aides auxquelles vous avez droit auprès de la CAF;
- établir pour votre employée des fiches de salaires mensuelles.

Quels sont les avantages?

Pour le bébé

L'enfant reste chez lui, avec ses jouets et ses habitudes.

Puisque votre Bout'chou reste à la maison, son rythme de vie est respecté.

Il peut rester bien au chaud quand le temps ne se prête pas à la promenade.

Il n'est pas exposé aux microbes des autres enfants.

Pour la maman

Des horaires beaucoup plus souples, donc moins de stress.

Vous êtes entièrement libre de choisir la personne qui gardera votre bébé, et les tâches ménagères que vous lui confierez éventuellement.

Pas de temps de transport et du travail domestique en moins : un gain de temps considérable que vous pourrez notamment consacrer à votre enfant!

Pas d'inquiétude si Bébé a de la fièvre, il sera quand même gardé.

Quels sont les inconvénients?

L'enfant n'a pas beaucoup de contacts avec d'autres petits de son âge. Son éveil va dépendre de la motivation de la nounou.

Il est aussi très difficile de dénicher la perle rare : une personne qualifiée, sérieuse, dynamique, ouverte (c'est tout votre portrait, ça !)...

Se pose souvent le problème des vacances de la nounou, qui ne souhaite pas toujours les prendre en même temps que vous...

La solution est coûteuse.

La jeune fille au pair

Il s'agit d'une solution à temps partiel : 5 heures par jour, 6 jours par semaine et 3 soirées.

Âgée de 18 à 30 ans, elle suit des cours de français dans une école ou une université reconnues par l'administration.

Vous lui devez le gîte et le couvert, ses titres de transport et un minimum d'argent de poche (compris entre 75 et 90 fois le minimum garanti, qui est réévalué chaque année. Cela correspond actuellement à un montant compris entre 265,50 € et 318,60 € par mois. La somme fixée est à mentionner dans le contrat au pair).

Elle est immatriculée à la Sécurité Sociale et à l'Urssaf (comme stagiaire aide-familiale) : vous payez les cotisations patronales calculées sur la base d'un travail à plein-temps payé au SMIC.

Cette solution ne vous permet pas d'obtenir de réduction d'impôts.

Les aides de l'État

Pour trouver toutes les aides dont vous pouvez bénéficier (mises à jour régulièrement), rendez-vous sur le site de la CAF (www.caf.fr).

La PAJE (Prestation d'Accueil du Jeune Enfant) se compose de plusieurs éléments :

Une allocation de base

Elle est versée sous condition de ressource et comprend :

- Une prime à la naissance : en raison des modifications annuelles, pour les montants et les plafonds, regardez sur le site de la CAF (www.caf.fr).
- Une allocation mensuelle : en raison des modifications annuelles, pour les montants et les plafonds, regardez sur le site de la CAF (www.caf.fr).

Un complément de « libre choix »

Cette aide permet aux parents de choisir entre continuer, réduire ou cesser leur activité professionnelle afin de s'occuper du jeune enfant. Pour l'obtenir, vous en ferez la demande auprès de votre CAF.

Que vous employiez une assistante maternelle agréée ou une nounou à domicile, vous aurez droit à :

- Une prise en charge partielle de la rémunération de votre salarié, en fonction de l'âge de l'enfant et de vos ressources.
- Une prise en charge totale des cotisations sociales pour l'emploi d'une assistante maternelle agréée et à hauteur de 50 %, dans la limite d'un plafond pour l'emploi d'une garde à domicile.

En tant qu'employeur, vous recevrez un carnet Pajemploi qui vous permettra de déclarer la rémunération de votre salarié.

Chaque mois, vous retournez cette information au centre Pajemploi (réseau Urssaf). Il calculera pour vous le montant des cotisations et vous indiquera celles qui restent éventuellement à votre charge. Il adressera directement à votre salarié l'attestation d'emploi qui fera office de bulletin de salaire.

Pour plus de facilité, vous pourrez aussi faire la déclaration de vos paiements à l'assistante maternelle sur www.pajemploi.urssaf.fr.

Un complément de « retrait d'activité »

Pour permettre à un des deux parents de cesser son activité professionnelle ou de passer à un temps partiel pour s'occuper de l'enfant. Pour plus de renseignements, contactez les services de la CAF.

Les baby-sitters

Pour une soirée, pour enfin aller au cinéma avec l'homme de votre vie ou juste dîner chez des copains. Mode de garde ponctuel mais archi utile !

On fait en général appel à elles pour une soirée (mais oui, petites mamans, il faut reprendre une vie sociale, sortir, voir des amis, aller au cinéma, dîner aux chandelles avec votre compagnon !). Que vous la connaissiez ou pas (fille d'un ami, de la gardienne, voisine, étudiante recrutée par petite annonce, etc.), tout est question de confiance.

Bien sûr, il est conseillé de la rencontrer avant la première soirée, de tester sa motivation, ses compétences et son sérieux.

Petits conseils

- Pendant la soirée, n'hésitez pas à l'appeler autant de fois que vous en éprouvez le besoin (peu importe si elle ne vous trouve « pas cool »).
- Donnez-lui, bien entendu, votre numéro de portable.
- Laissez-lui quelque chose de bon dans le frigo.
- Indiquez-lui où se trouve l'armoire à pharmacie.
- Rentrez à l'heure prévue ou bien prévenez-la de votre retard.
- Raccompagnez-la ou donnez-lui quelque chose pour prendre un taxi.

En règle générale, mieux vaut connaître deux ou trois baby-sitters sur lesquelles on peut compter, afin d'en trouver toujours une de disponible. Si vous êtes satisfaite des services d'une jeune fille, chouchoutez-la, elle vous sera précieuse.

Mamie, Tata et compagnie

Pour rester dans le cocon familial... un vrai choix éducatif mais aussi un réel confort pour les mamans. Prévoyez d'ores et déjà de faire des concessions !

Faire garder son bébé par un membre de la famille semble être la solution la plus simple, la plus naturelle, la plus économique.

Quand cela est possible (c'est fou le nombre de mamies qui travaillent encore de nos jours, au lieu de faire des confitures !), les mamans apprécient le fait d'avoir une entière confiance et une grande liberté grâce à cette solution.

Un seul hic, peut-être : si Mini Monstre est choyé, gâté, dorloté (en général, il adore aller chez papy et mamie), vous aurez peut-être du mal à imposer chez eux votre conception de la pédagogie. S'il s'agit de vos parents, il est assez difficile de critiquer une éducation qui a été la vôtre. Chez vos beaux-parents, il est souvent délicat de remettre en cause les fondements de celle de votre compagnon.

Souvent, il faut savoir mettre sa langue dans sa poche... qui d'autre que mamie peut vous garder Loulou le 31 décembre ???

Et si je restais à la maison ?

Soyez franche. Cette idée vous a effleuré l'esprit. En fait, vous êtes totalement partagée entre l'envie irrépressible de vous occuper de votre enfant à plein temps et le souhait plus cartésien de reprendre votre carrière là où vous l'avez laissée.

L'équation est pourtant presque impossible à résoudre : mener de front sa carrière professionnelle et avoir une vie de famille épanouie est une sorte de gageure. Toutes les femmes qui travaillent y parviennent, mais souvent avec l'impression de faire l'impasse sur un pan de leur vie, de « rater » quelque chose. Entre progresser dans son métier et culpabiliser ou s'occuper de ses enfants et être dévalorisée, le choix est difficile. Le congé parental, de durée variable, permet de faire l'essai d'une vie de mère au foyer. C'est souvent au terme de cette période que la question des réelles motivations pour un retour au boulot se pose...

N'entrons pas ici dans un débat pour lequel vous seule aurez le dernier mot. Il est hors de question de juger la décision de chacune de vous. En revanche, si le choix est possible, si vous êtes déchirée entre les deux possibilités, si vous souffrez de ne pas pouvoir vous occuper vous-même de Bibou, si vous aimez votre travail mais que votre enfant est votre raison de vivre, voici quelques questions qu'il est utile de se poser, pour ne rien regretter plus tard...

Test de motivation

Prenez une feuille et un crayon, répondez à chaque question :

- Que reste-t-il de mon salaire après avoir retiré les frais de garde, les moyens de transport, les impôts et autres frais qu'implique ma vie professionnelle ?
- M'est-il supportable de confier mon bébé à quelqu'un que je ne connais pas ?
- Vais-je accepter de mettre en sommeil ma vie sociale, mes relations, pour privilégier l'éducation de Petit Loulou ?
- Mon boulot offre-t-il des possibilités d'horaires aménagés (mi-temps, tiers temps, etc.)
- Ai-je besoin de me sentir valorisée par mon statut professionnel ? Est-ce que j'aime mon métier ?

Ce qu'il faut savoir

Un enfant préfère une maman épanouie : si elle est heureuse de travailler et qu'elle lui consacre tout son temps en rentrant, il sera satisfait. Si elle assume totalement son rôle de mère au foyer, il sera ravi de l'avoir avec lui toute la journée.

Notes

Acte 12

Maman OK, mais femme surtout !

C’est sûr. Vous n’allez pas redevenir la nymphette que vous étiez il y a neuf mois par un simple coup de baguette magique (elle se cache où la fée, pour qu’on lui dise un mot ?). Devenir une mère, c’est « passer de l’autre côté de la barrière », avec un peu moins d’insouciance, beaucoup de sommeil en retard et le ventre carrément moins tonique… Mais est-ce une raison pour se transformer tout de suite en sainte (nitouche) et oublier qu’avant tout, une maman reste une femme ?

Vous dans votre rôle de maman

Maman 1 « *Tout comme avant.* »

Ce n'est pas un ver de terre de 3 kilos qui va vous faire perdre votre réputation de fêtarde ou de reine du *dance floor*... Vous n'allez pas renoncer à vos dîners de fille et vos sorties ciné, en un mot, vous n'allez pas vous sa-cri-fier !!!

➔ Bravo ! Retrouver une vie sociale est très bon pour votre moral et votre satisfaction personnelle. En revanche, il n'est pas sûr que vous ayez tout de suite une forme olympique pour tenir jusqu'au bout de la night et que, finalement, vous ne préfériez pas regarder votre bout de chou plutôt que Brad Pitt sur grand écran...

Maman 2 « *Tout aussi bien, mais différent.* »

Vous avez vraiment senti la différence entre le « avant » enfant et le « après »... Physiquement, moralement, vous êtes consciente que vos centres d'intérêt se sont déplacés et que vous avez d'autres priorités. Pourtant, vous êtes convaincue que ce changement si naturel ne doit pas remettre toute votre vie en question et vous faites donc des efforts pour retrouver votre forme et ne pas oublier vos amis !

➔ Félicitations ! Il faut en effet vous adapter à votre nouveau rythme, vos nouvelles responsabilités... sans vous enterrer ! De toutes façons, vous êtes sûre que votre enfant préfère une maman épanouie...

Maman 3 « *Le passé, c'est du passé.* »

Votre nouvelle situation est l'occasion d'un changement radical... Vous ne vivez plus qu'à travers Bibounet et il vous semble impossible de reprendre une vie « normale » (et de le laisser 5 minutes sans le regarder respirer). Du coup, vous vous condamnez vous-même à une vie monotone où les sorties, les dîners en amoureux et les amis semblent être des souvenirs...

➔ Attention ! La grosse déprime vous guette ! Il va sans dire que vos centres d'intérêt ont changé, mais il faut continuer à exister comme une femme et pas seulement comme une mère… Vous avez encore du chemin à faire !

Retrouver la ligne

Que celles qui se vantent d'avoir enfilé leur jean taille basse à la sortie de la maternité aillent se cacher, on ne veut pas les écouter (mentir, c'est mal !).

À moins de n'avoir pris que le minimum de poids (le fameux 1 kilo par mois, ce qui est TRÈS rare), vous vous retrouverez sûrement, après l'accouchement, avec quelques excédents…

Pour retrouver la forme et le moral au plus vite, rien de tel qu'un petit programme de reprise en main !

Retour à la normale

En accouchant, vous allez perdre 6 à 8 kilos d'un coup. Il se peut qu'il y ait encore de beaux restes…

Ne vous mettez pas en tête de commencer un régime dès le lendemain de l'accouchement : votre corps a été mis à rude épreuve et il va falloir être indulgente avec lui. Plusieurs mois seront nécessaires pour retrouver votre métabolisme d'avant. En revanche, s'il est déconseillé de se mettre vraiment « à la diète » avant son retour de couches (vous allez être très fatiguée les premières semaines, ce n'est pas la peine de vous affaiblir), vous pouvez dès le début reprendre des habitudes alimentaires différentes de celles que vous aviez acquises ces derniers mois (oublier les collations qui comblaient les fringales, diminuer les rations…).

Les aliments pleine forme !

Oubliez tout de suite l'idée de vous nourrir de deux grains de riz et trois feuilles de salade. Vous allez avoir besoin d'énergie pour vous occuper de Newbaby ! (Comment ça, cette idée ne vous était même pas venue ?!)

Les aliments sur lesquels il faut se précipiter contiennent…

… des glucides lents qui diffusent l'énergie en continu pour éviter les coups de pompe (en revanche, on ne jette même pas un œil sur les sucres rapides : aucune excuse !).

… des vitamines : il va vous en falloir du tonus ! Plus que jamais, fruits et légumes sont vos amis.

… des protéines : il se peut que votre masse musculaire ait un peu fondu ces derniers temps (vous avez arrêté le sport, moins bougé…), il faut vous refaire un capital ! Les protéines rassasient et vous permettent de tenir le coup.

Si vous allaitez…

En général, on n'envisage pas de se mettre réellement au régime tout en allaitant. Produire le lait pour votre enfant demande beaucoup d'énergie et sollicite votre corps. Sans vous restreindre, vous avez besoin de satisfaire vos besoins particuliers pendant cette période.

On le dit ! Il paraît que l'allaitement fait perdre du poids… Oui, mais sur le long terme (au moins trois mois)… et seulement si vous maîtrisez votre alimentation !

- Augmentez votre consommation de calcium (mais misez plutôt sur les produits laitiers sans trop de matières grasses).
- Buvez beaucoup (vous serez assoiffée) : de l'eau bien entendu.
- Essayez le houblon (n'allez pas non plus vous jeter sur la bière) ou le fenouil (en capsules) pour favoriser la lactation.

- Consommez du « bon gras », des oméga 3 notamment pour apporter à votre enfant les nutriments dont il a besoin.
- Fractionnez les repas : la digestion sera facilitée, et surtout, vous aurez de l'énergie en continu.

Retrouver un corps d'athlète (même si vous n'en avez jamais eu)

Ce n'est pas forcément demain que vous allez exposer le piercing de votre nombril. Faut pas trop en demander. Votre nouveau challenge est fixé : je veux retrouver la forme et perdre les formes !!! Bonne occasion pour adopter un rythme de vie sain et dynamisant.

On reprend mollo

Il n'est pas question de refaire du sport tout de suite. C'est même franchement déconseillé avant le retour de couches (entre 4 et 6 semaines, parfois plus). Ensuite (au bout de 6 à 8 semaines), le gynécologue vous prescrira des séances de rééducation pour le périnée ou, si vous avez eu une césarienne par exemple, de la rééducation douce pour aider vos muscles à reprendre une activité.

Avant cela, il est toujours possible de choisir la marche (même avec votre nouvel accessoire, la poussette !) : sport non violent mais qui, pratiqué à un rythme assez soutenu (il ne s'agit pas de lambiner en regardant les vitrines), permet de brûler beaucoup de calories et de retonifier les muscles.

Sauf contre-indications, vous pouvez également pratiquer la natation qui, grâce à son travail en apesanteur, permet de ne pas traumatiser les organes qui ont souffert.

Abdos

Quand le périnée est tonifié, vous pouvez travailler les abdominaux. Attention ! Pas question de se mettre à faire dix séries de relevé de buste pour commencer... On attaque par des mouvements doux.

Pour moins solliciter le périnée, commencez par des exercices au sol (vous vous contenterez de ce genre d'exercices pendant au moins huit mois dans le cas d'une césarienne).

Au début, travaillez en priorité les muscles de la « ceinture », puis passez aux muscles internes des cuisses (les « adducteurs ») en serrant, par exemple, une balle de tennis entre les genoux, puis les muscles abdominaux profonds et la remontée du diaphragme.

Les « grands droits » (bandes musculaires verticales de chaque côté de l'abdomen) souffrent beaucoup pendant la grossesse (ils peuvent se décoller beaucoup en cas de gros bébé ou de prise de poids trop importante) : évitez donc de les solliciter avant un bon moment. On oublie donc pédalages, battements, et tout exercice qui demande de lever les deux jambes en même temps à partir de la position allongée au sol.

Et tout le reste

Sans doute, tout le reste de votre corps a besoin d'être « remis aux normes »... Au bout de quatre mois, vous pourrez reprendre les exercices cardio-vasculaires en salle ou en plein air (tennis, natation sportive, cyclisme).

Attention !

Celles qui pratiquent la course à pied feront bien d'attendre un an avant de recommencer leur activité favorite.

Vous pouvez également vous reprendre en main grâce au stretching : un bon moyen de tout remettre en marche en douceur.

À ne pas oublier !

On ne force pas, on ne s'épuise pas (on ne cherche pas à décrocher une médaille).

On pratique quand même une activité deux fois par semaine, sinon, aucune chance d'obtenir des résultats...

Se refaire une beauté...

Pendant votre grossesse, vous avez peut-être eu du mal à apprivoiser votre nouvelle image dans le miroir et avez moins été attentive à votre beauté (pas rigolo de voir sa tête bouffie !).

Après la naissance, vous aurez sans doute envie de vous reprendre en main au plus vite ! Bientôt, vous pourrez retourner au hammam, reprendre rendez-vous chez le coiffeur (rien ne vous en empêchait, mais vous n'étiez pas non plus super motivée), recommencer à vous épiler sans gêne (eh oui, ces derniers temps, c'était ou l'esthéticienne ou le Yéti), vous faire des gommages vigoureux...

À savoir !

Vous aviez une chevelure magnifique pendant la grossesse ? Vous allez sûrement déchanter après l'accouchement... Si les hormones de grossesse ont bloqué la chute des cheveux pendant ces quelques mois (d'où l'impression de volume), il se peut que tout tombe... d'un coup ! Pas d'affolement ! Parlez-en tout de même à votre médecin, qui pourra vous prescrire un traitement d'appoint pour limiter les dégâts.

Retrouver une vie sociale

Votre vie vient de prendre un nouveau tournant, votre existence un nouveau sens et vos regards sont désormais tournés vers un nouvel objectif. Pourtant, si avoir un enfant vous fait basculer dans le « camp des parents », attention de ne pas vous couper du reste du monde, c'est une question de survie !

Vos amis existent !

Sans doute que tous vos amis vous ont rendu visite à la maternité ou chez vous très vite après la naissance. Vous avez reçu plein de cadeaux, été prise en photo et félicitée comme il se doit... Mais, les jours et les semaines passant, vous sentez bien que les choses changent.

Peut-être allez-vous recevoir moins d'invitations pour sortir : on se doute bien qu'avec vos trois heures de sommeil quotidiennes vous n'êtes pas tentée par une soirée halloween (dommage ! pour une fois que vous n'aviez pas besoin de maquillage pour ressembler à Dracula !!!).

Vous allez sûrement remarquer un phénomène particulier. Avant, vous ne faisiez pas vraiment de différence entre vos amis déjà parents et les « jeunes insouciants »... mais maintenant, vous allez clairement sentir qu'il existe deux clans : ceux qui connaissent les soucis de couche-culotte et ceux qui ne pensent qu'à la fête du slip. Sans doute que le fossé va se creuser un peu entre vous...

Si vous ne voulez pas vous éloigner immanquablement de ces amis qui-ne-connaissent-pas-les-joies-d'être-parents :

- Invitez-les chez vous : ainsi vous ne serez pas obligée de prendre une baby-sitter, mais il faudra faire un minimum d'effort pour leur trouver une place assise entre Sophie la girafe et la table à langer.
- Essayez de trouver des sujets de conversation en dehors du nouveau centre d'intérêt de votre vie...

- N'imposez pas de séance de visionnage de film de l'accouchement ou de photos des premiers jours, en les collant sous le nez de vos invités, les obligeant ainsi à s'émerveiller sur votre progéniture.

Avec vos amis qui eux aussi connaissent les joies de la parentitude :

- N'entrez pas dans la compétition : mon fils est le plus beau, ma fille est la plus intelligente, et le mien tient déjà assis et la mienne a déjà des dents, etc. (vous voyez ce que je veux dire ?)
- Une fois que vous aurez évoqué les difficultés pour trouver une place en crèche, comparé les vertus des différents coussinets absorbants des couches et vanté les mérites des granules d'homéopathie pour la poussée dentaire… essayez de parler d'autre chose. Bien sûr, vous ne pourrez pas parler de ciné (vous n'y allez plus), ni musique (dès que vous pouvez, vous restez dans le silence), ou fringues (dans votre boutique favorite on ne fait pas votre taille actuelle). À vous d'avoir de l'imagination !!!
- Vous pourrez en revanche vous échanger des bons plans : ça sert à ça les copains ! Untel connaît un super pédiatre, Unetelle vous donnera l'adresse d'un site Internet pour commander du matériel à prix discount… et vous révèlerez le secret de votre purée d'épinards (il faut les essorer dans l'essoreuse à salade).

Maintenir le lien avec les collègues

À moins de travailler entourée de requins trop contents de vous savoir absente pendant trois mois pour vous piquer votre place et vous faire porter la faute des retards de dossiers (ça existe), vous aurez en général envie d'informer vos collègues des nouveaux rebondissements de votre vie.

En général, il est assez plaisant d'aller montrer sa petite merveille à tout le monde. On en profite pour faire le tour des bureaux et pour :

- se faire plaindre (ma pauvre !!! tu as une sacrée mine… vivement que tu reviennes bosser, ça te reposera !) ;

- faire des gouzi-gouzi avec le patron (vous ne saviez pas qu'il a douze petits-enfants et qu'il est pro en berceuses) ;
- raconter par le menu son accouchement à toutes les mamans-collègues autour de la machine à café (en général, les stagiaires qui n'ont pas d'enfant ne participent pas à la conversation).

Prenez régulièrement des nouvelles du boulot : sans vous tenir au courant de l'avancée des dossiers, vous avez intérêt à savoir « en gros » ce qui se passe... pour ne pas être trop larguée au retour.

Retrouver son intimité avec l'Homme

En voilà un problème épineux, qui cache plein de tabous et d'angoisses secrètes... La reprise de la sexualité après l'accouchement est une vraie question de couple, qui peut être un sujet de discorde et qui mérite que l'on en parle sans fausse pudeur.

Avouons-le...

Que celles qui peuvent dire qu'elles ont refait l'amour sans appréhension et avec désir tout de suite après leur accouchement lèvent le doigt, qu'on puisse ricaner toutes en chœur.

Bouleversements hormonaux, nuits très courtes, montée de lait, cicatrice (épisiotomie ou césarienne), kilos en trop... vous ne vous sentez certainement pas au top de votre *sex-appeal* et votre libido est en berne. Rassurez-vous, tout cela est NORMAL. Pas la peine de culpabiliser, on est toutes pareilles.

Pourtant, l'amour est toujours là (enfin, c'est à souhaiter !) et il faut vous convaincre qu'un jour où l'autre vous redeviendrez la coquine que vous étiez il y a à peine neuf mois (l'enfant n'est pas venu tout seul, hein ?).

Les questions qu'on se pose toutes :

- Est-ce que mon intimité va reprendre sa taille initiale (et ne pas ressembler à une caverne où il y a de l'écho) ? Il faut un peu de temps au vagin et au périnée pour retrouver leur tonus et leur élasticité, mais avec la rééducation appropriée, tout rentre dans l'ordre rapidement.

- Est-ce que mes seins vont redevenir des objets de plaisir après avoir été des usines à lait ? Pendant l'allaitement, les seins sont souvent des objets de fantasmes masculins... mais pour vous, c'est une autre histoire : pour la première fois, ils sont fonctionnels !!! Prenez soin d'eux afin d'entretenir leur beauté : une fois qu'ils auront terminé leur mission, ils reprendront dans votre esprit leur rôle d'atout séduction.

- Est-ce que l'homme va me désirer (même avec mon ventre mou, mes seins lourds, mes cernes et mes racines de 3 cm) ? Sûrement ! Parce qu'il vous aime (d'ailleurs, il vous a fait un enfant pour le prouver) et que cet amour ne dépend pas de l'image que vous renvoyez. Et encore parce qu'il sait que cet « état » n'est que transitoire (enfin, on espère !!).

- Est-ce que ça fait mal ? La crainte d'avoir mal peut entraîner des blocages... et s'il est vrai que la cicatrice de l'épisiotomie peut faire un peu souffrir, la gêne vient le plus souvent d'une certaine sécheresse vaginale due au désir un peu faiblard... Utiliser un gel lubrifiant peut être d'un grand secours. N'hésitez pas à parler de votre souci à votre gynécologue dès la visite de contrôle du premier mois après l'accouchement.

Catherine 26 ans, maman de Jules, 3 mois :

« On ne peut pas dire que la reprise de l'activité sexuelle ait été facile... j'étais pleine d'appréhension et de craintes. Mais la gentillesse et la compréhension de Paul ont vraiment facilité les choses. »

Prendre le temps

À moins que votre compagnon soit un monstre lubrique totalement dénué de compassion, c'est à souhaiter que vous puissiez prendre le temps nécessaire pour laisser votre corps redécouvrir le désir. Attention ! On sait bien que l'envie vient en mangeant et qu'il faut parfois prendre un peu sur soi pour franchir le premier pas... Il ne s'agit pas non plus d'attendre que bébé ait un an avant de retrouver une sexualité épanouie...

Au minimum, il faut attendre la fin des lochies, les pertes de sang qui suivent l'accouchement. Il faut que la cicatrisation de l'épisiotomie soit solide (environ 3 à 6 semaines). En cas de césarienne, une vingtaine de jours sont nécessaires pour que les tractions sur la peau et les tissus ne soient pas trop douloureuses.

Voilà pour la théorie...

Mais c'est sans prendre en compte l'aspect psychologique...

Le nouveau centre d'intérêt qui capte toute votre attention et tout votre amour, le fait qu'il dorme peut-être dans votre chambre, la déconnexion qui s'est opérée entre votre esprit et votre corps (vous le rejetez un peu)... autant de difficultés qu'il faut d'abord combattre dans sa tête.

Trouver une nouvelle harmonie

Il n'y a pas que vous qui ayez changé ! L'homme aussi doit tenir un nouveau rôle... et pas seulement celui de père ! Il doit aussi séparer la mère de l'enfant en faisant valoir à sa compagne qu'elle doit rester femme !

Sans doute que le dialogue entre vous est la meilleure des solutions pour évoquer la situation : vous devez expliquer quelles sont vos réticences et vos craintes. Rien de pire que les non-dits qui s'installent. Il peut comprendre ! En revanche, c'est à lui de se montrer suffisamment tendre et patient pour vous redonner le goût de la bagatelle. On lui fait confiance !

Conseils pour s'y remettre en douceur

La sexualité ne se résume pas à la pénétration : commencez par retrouver la tendresse, les caresses jusqu'à ce que le désir soit revenu.

La sexualité, c'est aussi tout ce qui précède… le fait de vous sentir belle et désirée notamment. En prenant soin de vous, en retrouvant une certaine coquetterie, vous reprenez les choses en main.

Il s'agit de retrouver la confiance en soi…

Redécouvrez votre corps : dansez devant votre miroir, achetez de nouveaux vêtements (même si vous n'avez pas encore retrouvé votre taille… il faut vous redonner une bonne image de vous), allez chez le coiffeur, chez l'esthéticienne, etc.

Aller dîner en tête à tête est un très bon moyen de reprendre le chemin de l'harmonie : vous vous faites belle, vous buvez un verre, vous vous laissez séduire à nouveau par l'homme… et vous retrouvez de nouvelles ardeurs !

Cadeau bonus

On en fait un deuxième ?

Pour 53 % des Français, la famille idéale compte deux enfants… et vous vous sentez parfaitement dans la moyenne ! On constate également qu'en général l'écart d'âge moyen est de 3,8 ans…

Alors, quand mettre en route le second ?

Peser les avantages et les inconvénients

Avoir deux enfants rapprochés ? Il faut bien réfléchir à la question… Laisser passer du temps ? À voir…

Bien souvent, on ne décide pas vraiment (il peut parfois falloir plus de temps que prévu pour que *number 2* pointe le bout de son nez), et pourtant, l'écart d'âge entre les deux enfants est en général un point sur lequel on a son opinion.

Le deuxième très vite (moins de trois ans)

- Les enfants pourront jouer ensemble.
- S'occuper de deux tout petits en même temps est très fatiguant (épuisant / tuant / lobotomisant).
- On a le sentiment de ne pas profiter pleinement de chaque enfant et de « rater » quelque chose.
- Une fois qu'on est sorti des premières années et de tous leurs tracas, c'est terminé une fois pour toutes !
- Les maladies enfantines, c'est par paire !

Le deuxième plus tard

- Les enfants n'ont pas les même centres d'intérêt au même moment.
- On a eu le temps de souffler… mais se replonger dans les couches ou les biberons, ce n'est pas toujours facile !

- On voit son enfant grandir et on savoure chaque progrès.
- Il y a moins de risques de jalousie.
- L'aîné, plus autonome, peut aider sa mère et s'occuper tout seul.
- On risque d'avoir deux « enfants uniques ».

Pauline, maman de Sonia, 18 mois, et enceinte de trois mois :

« Ma sœur et moi avons toujours été très proches du fait de notre faible écart d'âge... je voulais que mes deux enfants puissent vivre la même expérience. »

Il n'existe pas d'écart d'âge idéal entre deux enfants. Si la moyenne française veut qu'il y ait entre trois et cinq ans de différence, c'est à vous de juger si vous êtes capable d'assumer une deuxième grossesse rapprochée, d'abord selon votre état de santé et ensuite selon votre projet familial.

Bien préparer l'aîné

C'est sans doute le point le plus important... L'arrivée d'un petit frère ou d'une petite sœur est forcément un bouleversement pour vous, mais encore plus pour lui.

Pour des enfants d'âge rapproché, le plus grand souffre parfois de la tension entre son désir de grandir et celui de redevenir un bébé. Il doit partager ses parents avec cet inconnu qui arrive... Pourquoi donc le regarde-t-on tellement celui-là ? Moi aussi, je sais faire pipi dans ma couche... mais à moi, on demande d'aller sur le pot ! C'est à n'y rien comprendre...

La jalousie, la régression sont en général les difficultés qu'il vous faudra affronter. Il faut arriver à faire passer le message : l'amour des parents ne se coupe pas en deux, il double et grandit avec chaque enfant…

Quand l'aîné est plus grand, il est suffisamment autonome et mature pour comprendre qui est cet intrus qui arrive. Il peut s'impliquer, aider ses parents, jouer « au grand »… ce qui le valorise et lui donne beaucoup de fierté. En revanche, il peut souffrir de voir son territoire envahi… et peut se révéler très dur envers le bébé et ses parents.

Il faut alors arriver à dire à l'enfant : tu as le droit de ne pas aimer ton petit frère, mais tu n'as pas le droit d'être méchant avec lui. Il va falloir le convaincre !

Quelle que soit votre décision… vous comprendrez vous aussi qu'un autre enfant est une deuxième aventure, aussi belle que la première…

Notes

Notes

Notes

Notes

Notes

Notes

Notes

Notes

Index